U0642720

勿使前辈之遗珍失于我手

勿使国术之精神止于我身

拳疗百病

39式杨氏养生太极拳

戈金刚　戈美葳　著

北京科学技术出版社

戈金刚和恩师杨振铎（左）
研讨杨氏太极拳

戈金刚与太极名家王培生（左）

1985 年，戈金刚在被派到北京外国语学院（今北京外国语大学）参加"联合国译训班"期间，常利用业余时间到王培生老师位于金鱼胡同的家中求教，专练攻防技术

戈金刚与恩师杨振铎（右），拍摄于 1985 年

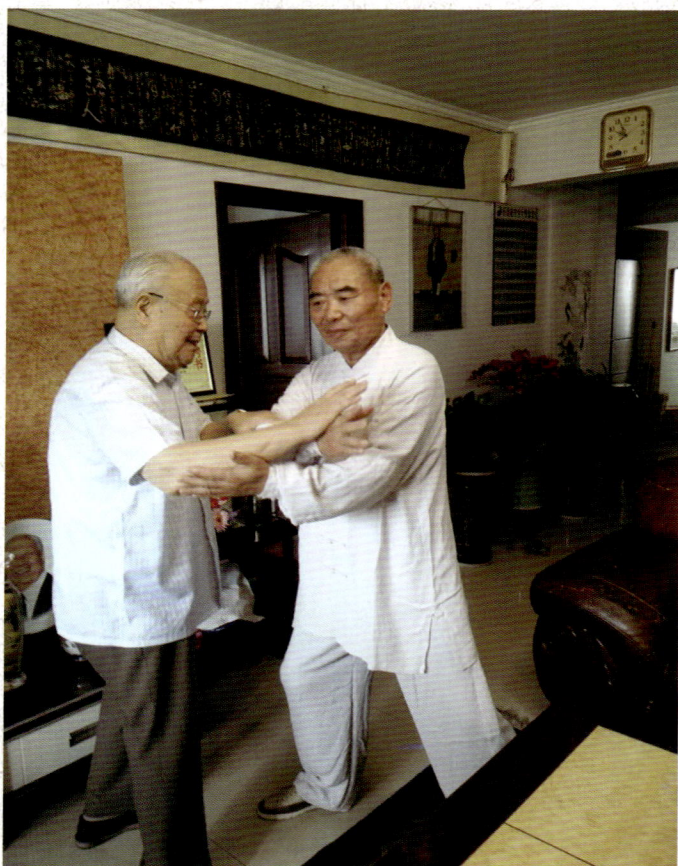

戈金刚和时年 90 岁的恩师杨振铎（左）切磋太极推手，拍摄于 2015 年

1991 年 7 月，无锡发生洪水灾害，
恩师杨振铎来信问候

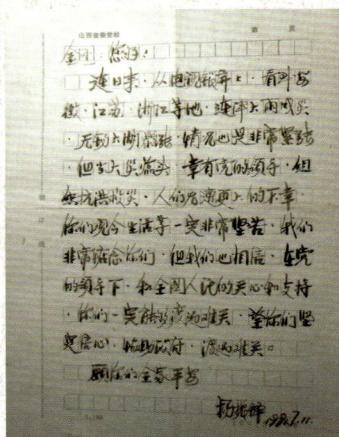

杨振铎颁发给戈金刚的入室弟子证书

恩师杨振铎为戈金刚题词

戈金刚（后排右二）2004 年参加中国中医研究院培训中心进修班

著名针灸专家李丁为戈金刚题词

序

　　传统杨氏太极拳是"运动医学"中的一枝奇葩，其健身养生、祛病延年的效果已经被实践所证明。我的弟子戈金刚出身于中医世家，随我学拳近 40 年，勤奋好学，尊师重道。1999 年，他又在国家体育总局主办的"国家级社会体育指导员"岗位培训班系统学习了健身医疗知识。在实践中他把杨氏太极拳和医学结合，治愈了很多患者，并在 2007 年撰写了《拳疗百病》一书，受到了广大读者的欢迎。

　　随着全民健身工作的推进，以及运动医学服务需求的不断增加，希望弟子戈金刚继续将杨氏太极拳的理念发扬光大，将杨氏太极拳与养生、健身和康复治疗相融合，在全民科学健身、慢性病预防和康复等方面进一步做出贡献。

杨振铎
2007.7.12

93 岁的杨振铎宗师为弟子
戈金刚的新书作序

前　言

前言

　　传统杨氏太极拳，历经百余年而不衰。实践证明，它不仅是武术、健身术，也是医术，是中华传统文化之瑰宝。

　　39式杨氏养生太极拳，是在传统103式杨氏太极拳的基础上，删除其重复动作改编而成。它继承了传统103式杨氏太极拳的缓慢柔和、式式均匀、姿势舒展、注重内涵、动作优美、老少皆宜等特点，同时注重每招每式的医理作用，激活经脉，疏通气血，达到阴阳平衡，祛病强身的作用。

　　39式杨氏养生太极拳的编排适应时代的发展需求。首先，演练这套拳法只需10~12分钟，适合当今人们快节奏的生活方式。据有关研究证实，持续10分钟以上的锻炼就可以使全身的经络活跃起来，从而对全身各个系统、器官进行全面调整，使人体保持健康状态。其次，演练39式杨氏养生太极拳所需场地不大，只要3米长、2米宽的地方即可，因此，它不仅适合在公园、空地，也适合在居家客厅、办公室等地方演练。

　　不同于其他太极拳的是，39式杨氏养生太极拳将体育锻炼与医疗保健相结合，突出了防治疾病的功能。笔者出身于中医和武术世家，从小耳濡目染养生之道，5岁时开始练拳，至今已70年，系正宗正脉杨氏太极拳第四代嫡传人杨振铎宗师的首批入室弟子。20世纪90年代，曾三次到中国武协武术研究院深造，学习多种武术套路和武功医疗，是上海体育学院第三期国家级社会体育指导员，获得国家体育总局授予"全国优秀社会体育指导员"称号。

　　为深入研究"运动是良医，运动是良药"的内涵，笔者十分注重钻研医学，获得卫生部颁发的针灸师证书和高级按摩师证，多次在中国中医研究院进修并在韦贵康国医大师主办的"韦氏伤科及中西医结合治疗骨与关节损伤与疾病进展"学习班学习。笔者将这些医疗方法和临床经验融进 39 式杨氏养生太极拳里，对习练者起到了健身康复的作用。

为丰富本书内容，笔者特地拍摄了教学影片，通过"穴位讲解""跟我学""完整示范""拳疗医理"等多种角度和形式进行讲解和演示，在书中扫描相应位置的二维码即可观看，此种形式对读者理解本书内容一定有很大帮助。希望更多有健身需求和康复需求的朋友们能从本书获益。

本书在编写过程中，得到我师杨振铎宗师、国际杨氏太极拳协会会长杨军的大力支持，在此谨表示衷心感谢。

戈金刚

目　录

壹　　　　　　　　　　绪　论

- 太极拳的健身和养生原理　　　　　　　　　　　2
　　锻炼神经系统，提高感官功能　　　　　　　　3
　　有利于慢性病康复　　　　　　　　　　　　　3
　　有利于保护、健全、恢复视力　　　　　　　　3
　　有利于心脏、血管和淋巴系统的健康　　　　　3
　　增强呼吸功能　　　　　　　　　　　　　　　4
　　促进消化功能和体内物质代谢　　　　　　　　4
　　加强肌肉、骨骼和关节的活动　　　　　　　　4
　　阴阳平衡，畅通经络　　　　　　　　　　　　5
　　腹式呼吸，延年益寿　　　　　　　　　　　　5
　　提高免疫功能　　　　　　　　　　　　　　　5
　　预防老年痴呆　　　　　　　　　　　　　　　6
- 太极拳的锻炼要领　　　　　　　　　　　　　　6
　　身心　　　　　　　　　　　　　　　　　　　6
　　头部　　　　　　　　　　　　　　　　　　　7
　　颈项　　　　　　　　　　　　　　　　　　　8
　　上肢　　　　　　　　　　　　　　　　　　　8
　　躯干　　　　　　　　　　　　　　　　　　　9
　　下肢　　　　　　　　　　　　　　　　　　　10

贰 基本动作图解

- 身法   12
- 手法   12
    - 掌型   12
    - 掌法   12
    - 拳型   16
    - 拳法（捶法）   16
    - 勾手   19
- 步法   19
    - 步型   19
    - 步法   19

叁 呼吸法与取穴法

- 39 式杨氏养生太极拳的健身呼吸法和疗病呼吸法   28
- 39 式杨氏养生太极拳配穴穴位图解   29
    - 头部   29
    - 胸腹部   30
    - 背部   32
    - 上肢部   34
    - 下肢部   37

肆　**图解 39 式杨氏养生太极拳**

- 第一段　　　　　　　　　　　　　　　　　　　　42
  - 第 1 式　起势　　　　　　　　　　　　　　　42
  - 第 2 式　揽雀尾　　　　　　　　　　　　　　44
  - 第 3 式　单鞭　　　　　　　　　　　　　　　51
  - 第 4 式　提手上势　　　　　　　　　　　　　55
  - 第 5 式　白鹤晾翅　　　　　　　　　　　　　57
  - 第 6 式　左搂膝拗步　　　　　　　　　　　　59
  - 第 7 式　手挥琵琶　　　　　　　　　　　　　61
  - 第 8 式　倒撵猴　　　　　　　　　　　　　　62
  - 第 9 式　斜飞势　　　　　　　　　　　　　　66
  - 第 10 式　肘底捶　　　　　　　　　　　　　68
  - 第 11 式　海底针　　　　　　　　　　　　　70
  - 第 12 式　扇通臂　　　　　　　　　　　　　73
  - 第 13 式　转身撇身捶　　　　　　　　　　　74
  - 第 14 式　云单鞭　　　　　　　　　　　　　75
- 第二段　　　　　　　　　　　　　　　　　　　　79
  - 第 15 式　玉女穿梭　　　　　　　　　　　　79
  - 第 16 式　揽雀尾　　　　　　　　　　　　　87
  - 第 17 式　单鞭　　　　　　　　　　　　　　93
  - 第 18 式　高探马　　　　　　　　　　　　　95
  - 第 19 式　右左分脚　　　　　　　　　　　　96
  - 第 20 式　转身右蹬脚　　　　　　　　　　102
  - 第 21 式　左右打虎势　　　　　　　　　　105

第 22 式　回身右蹬脚　　　　　　　　　　109

第 23 式　双峰贯耳　　　　　　　　　　　111

第 24 式　左蹬脚　　　　　　　　　　　　113

第 25 式　金鸡独立　　　　　　　　　　　114

第 26 式　高探马穿掌　　　　　　　　　　117

第 27 式　转身白蛇吐信　　　　　　　　　118

第 28 式　进步栽捶　　　　　　　　　　　119

第 29 式　上步揽雀尾　　　　　　　　　　121

第 30 式　云单鞭　　　　　　　　　　　　127

● 第三段　　　　　　　　　　　　　　　　129

第 31 式　下势　　　　　　　　　　　　　129

第 32 式　上步七星　　　　　　　　　　　131

第 33 式　退步跨虎　　　　　　　　　　　133

第 34 式　转身摆莲　　　　　　　　　　　134

第 35 式　弯弓射虎　　　　　　　　　　　137

第 36 式　进步搬拦捶　　　　　　　　　　139

第 37 式　如封似闭　　　　　　　　　　　141

第 38 式　"十"字手　　　　　　　　　　143

第 39 式　收势　　　　　　　　　　　　　145

后记　　　　　　　　　　　　　　　　　149

绪 论

● 太极拳的健身和养生原理

据传说，1860年，位于北京平安里西大街的瑞王府里，搭起了擂台，一位来自河北永年县的青年杨露禅打遍京城无对手，被称为"杨无敌"。

如果杨露禅到此为止，那么他也不过是一个武林高手而已，但杨露禅的特殊经历和特殊机遇帮助他创造了中国武术史上一个更大的奇迹。杨露禅的武艺学自河南陈家沟，但人们很快发现杨氏太极拳和陈氏太极拳在走架、打手风格上都有很大的差别，甚至格格不入，有人甚至怀疑杨氏太极拳是否真的出自陈家沟，比如，陈氏太极拳像缠一根丝，讲究螺旋式运力；杨氏太极拳则像抽一根丝，是一种向前的穿透力，强调连绵不断。后来人们才知道，杨露禅把陈家沟的武功给改了。为什么要改呢？原来，杨露禅在京城成名以后，很多达官贵人跑来向他学太极拳，下到低级军官，上到亲王贝勒，杨露禅发现这些人教起来很困难。首先，八旗子弟长期养尊处优体能退化，已经不适于练习激烈凶猛的套路；其次，做官做到一定级别就要有官派，否则会被人认为不稳重，一些翻滚腾挪的动作与他们身份不符；而更深刻的原因是，当时的晚清，冷兵器时代已经过去，武术的战争意义急剧下降，即使一些凶狠的武功招式也在战争中没有用场。

所以，杨露禅把高难度的和凶猛的动作通通砍掉。为了间歇性地发力，传统的陈氏太极拳动作一下快一下慢；杨氏太极拳去掉了发力，其快慢是均匀的；杨氏太极拳里没有跳跃的动作，连跺脚都去掉了。他这一改革，大大降低了学拳的门槛，不仅达官贵人可以练太极拳，普通老百姓，甚至花甲老人都能练习。

后世的杨氏太极拳家又引进了中医经络学，并糅入导引、吐纳等技巧，其健身养生、祛病延年的效果已经被实践所证明，因此，杨氏太极拳又被称为健身养生拳。

近年来，太极拳在临床治疗中取得了一系列成果，已被国内外医院和疗养院广泛采用，被列为综合疗法的一项重要内容，是世界公认的医疗体育项目之一。以传统103式杨氏太极拳为蓝本，结合50多年的教学和中医养生临床经验，编创而成的 39 式杨氏养生太极拳，不仅是一种合乎生理和体育原理的健身运动，也是一种治疗疾病的有效手段。其健身和养生原理如下。

锻炼神经系统，提高感官功能

人体的各种活动，依赖于大脑皮质神经细胞的兴奋与抑制的调节，动作的变化、协调和平衡都得由中枢神经系统来指挥。练习 39 式杨氏养生太极拳时，要求精、气、神统一，排除杂念。这样，人的思想始终集中在动作上，使神经系统受自我意念控制的能力得到提高，就能迅速、正确地传达和接受各器官系统变换动作的信息。随着练拳功力的不断提高，肌肉收缩和舒张的交替、转换能力也随之增强，神经系统控制活动过程的均衡性和灵活性愈来愈高，从而使神经系统的功能得以不断改善。

有利于慢性病康复

39 式杨氏养生太极拳采用意识和运动相结合的锻炼方法，演练时，大脑皮质运动中枢和第二信号系统处于高度的兴奋状态（即兴奋集中在很小的一定区域），而皮质的其他区域则处于抑制状态，这样就使大脑得到充分的休息，人体就能很快地消除疲劳。这对于慢性病患者尤为重要，因为大脑的充分休息，打破了疾病的病理兴奋灶，有利于修复和改善高级神经中枢的功能，使内脏器官的病灶获得修复和改善。

中医经络学说提到，腕部有一段桡动脉管，称作"气口"，是"脉会太渊"的百脉之气汇聚之"渊"，与全身经脉相通。练拳时不断地旋腕和"坐腕"，就是不断地刺激这段"气口"。多注重腕部锻炼，对加强心、肺、肝、胆、脾、胃、肾、膀胱、大肠和小肠的功能很有好处，同时也对防治这些脏腑的疾病有帮助。

有利于保护、健全、恢复视力

人对自然界的感知信息 80% 是来自视觉。进入眼睛的光先通过角膜再通过晶状体，使光线折射聚焦在视网膜上。当一个人将注视点从近移至远或从远移至近时，晶状体就改变曲度，以便把被注视的物体保持在视网膜上。练习 39 式杨氏养生太极拳时，动势时眼随手转，定势时两眼向前平视，由近及远，使视神经和动眼神经得到有规律的锻炼，对保护、健全、恢复视力有良好作用。

有利于心脏、血管和淋巴系统的健康

练习 39 式杨氏养生太极拳时，通过人体各部分肌肉和关节的活动，使各毛细血管舒张，静脉、淋巴的回流加速，因而减轻心脏的负担。太极拳的腹式呼吸，通

过膈肌和腹肌收缩与舒张，使腹压不断改变。腹压增高时，腹腔的静脉受到压力的作用把血输入右心房；反之，当腹压减低时，血液则向腹腔输入。由此提高了心脏血管的功能，促进血液循环，因而加强了心肌的营养作用，有助于保持心脏、血管和淋巴系统的健康。

增强呼吸功能

39 式杨氏养生太极拳采用腹式呼吸，要求气向下沉（即所谓"气沉丹田"），而且要与动作自然配合，使呼吸逐渐做到"深长、细缓、匀柔"，保持"腹实胸虚"的状态，即把胸部由于运动而引起的紧张状态转移到腹部，使胸部宽舒，腹部放松而又充实。这对保持肺组织弹性、发展呼吸肌、改进胸廓活动度、增加肺活量、提高肺脏的通气和换气功能，有良好的作用。坚持长期习练，会减少呼吸频率，增大肺活量。

促进消化功能和体内物质代谢

练习 39 式杨氏养生太极拳有利于改善内脏器官的调节过程。膈肌、腹肌的收缩和舒张对肝脏、胃肠也能起到自我"按摩"的作用，使肠、胃、肝、肾随之发生适当运动，促进肝内血液循环，提高胃肠的张力、蠕动和吸收的能力，增强肾上腺素的分泌功能，改善体内物质代谢（尤其是胆固醇的代谢）。因此，坚持经常练习，可以增进食欲，减少便秘，使血液胆固醇含量下降，对预防动脉硬化也有良好的作用。

加强肌肉、骨骼和关节的活动

39 式杨氏养生太极拳的弧形动作能使全身各部分肌肉群和肌肉纤维参与活动，经过反复的缠绕旋转，使肌肉拉长到一般运动所不能达到的长度。如此长年累月一张一弛地锻炼，使肌肉柔韧而富有弹性，并增加收缩的能力。由于肌肉对骨骼的牵拉作用以及新陈代谢的加强，使骨的形态结构和性能都发生良好的变化，骨质也变得坚固，提高骨头的抗折、抗弯、抗压缩和抗扭转性能，不易发生骨科疾病，并延缓骨头的退行性病变。同时，由于肌肉和骨骼不断地做弧形运动，使关节周围的肌肉、关节囊和关节韧带受到良好的锻炼，增强关节的稳固性、柔韧性和灵活性。特别是对老年人腿力衰退、足膝痿软、屈伸不利、行走乏力等衰老现象，能起到防治作用。

阴阳平衡，畅通经络

39 式杨氏养生太极拳要求主宰于腰、虚领顶劲、含胸拔背，这是锻炼任脉、督脉、带脉、冲脉的好方法。练习时，腰部松沉、竖直微微旋转，带动上下肢的动作，这样既锻炼了任、督二脉，又使带脉冲盈、肾气充实。

39 式杨氏养生太极拳要求尾闾中正、气沉丹田、收腹敛臀。始终注意长强穴松沉直竖是"尾闾中正"的关键，而长强穴是督脉的络穴，在整套拳路中不断地旋转、挤压长强穴，能够起到通调任、督二脉和提摄肛门的作用。督脉为阳脉的总纲，有统帅各阳脉的作用，它能调整和振奋全身阳气；任脉为"阴脉之海"，络一身之阴气。

39 式杨氏养生太极拳要求缠绕运动劲贯四梢（四梢指两手、两足尖端）。练习中动作螺旋式走弧形，为圆弧运动，使肌肉纤维、韧带和关节在均匀、连贯的反复旋转中得到无微不至的活动，调整呼吸，畅通气血，流转贯注于四梢，达到"根固则枝荣"的目的。针灸中的流注穴位：井、荥、俞、经、合穴位，就全在"手不过肘，足不过膝"这一区域。从人体神经分布状态来看，手足属于颈胸神经分布末梢区，较为敏感。因此，通过交感神经、副交感神经的传导，对内脏能够起到反射调整的作用。

腹式呼吸，延年益寿

39 式杨氏养生太极拳的腹式深呼吸运动，有助于调节神经，"按摩"五脏六腑，畅通气血，促进新陈代谢。调整呼吸，使动作与呼吸自然协调，做到"形神合一"。

39 式杨氏养生太极拳要求气沉丹田、气宜鼓荡，能够令人全身精神振作，舒畅自然。腹式呼吸运动是"以意调息"的深呼吸运动，通过膈肌的不断升降和胸、背及腹部肌肉的弧形松沉和旋转运动，向脐内"丹田"和脐后"命门"之间的神经丛施压，使"命门之火常煦"，肾上腺素正常分泌，促进内脏的自我"按摩"运动，加强血液循环。

提高免疫功能

39 式杨氏养生太极拳运动对免疫系统最显著的影响是能够增加细胞因子活性，如能增强自然杀伤细胞（natural killer，NK）细胞活性；对白细胞、淋巴细胞、B 细胞等均有调节作用。

太极拳运动与白细胞：太极拳运动对免疫系统最显著的影响是引起外周血白细胞增多，其增多的程度随着运动强度不同而异。太极拳运动诱发白细胞增多的变化曲线呈双峰形，运动后几分钟内白细胞就开始增多，随着运动负荷增加，其数量逐渐上升，运动停止后10分钟白细胞数量开始下降，30分钟时恢复到运动前水平，2~3小时后会再次升高，24小时完全恢复正常。

太极拳运动和淋巴细胞：NK细胞是一群具有自然杀伤能力的淋巴细胞。太极拳运动后能使NK细胞活性增加2倍。其原理是NK细胞结合靶细胞比例增加，杀伤频率加快，杀伤效应细胞循环次数增多。

太极拳运动与免疫球蛋白：练习太极拳时，血清IgA、IgG、IgM水平可增加，运动停止后不久即可恢复正常，表明太极拳运动能影响血清免疫球蛋白水平。

预防老年痴呆

太极拳每招每式都有固定套路的运动，一套拳练习下来，如果丝毫不错，证明你的思维意识流畅不衰，就不易患老年痴呆症。尤其是39式杨氏养生太极拳极其强调动作缓慢均匀，连绵不断，似行云流水，保证了在平和状态下的思维意识连贯。

举个例子，书写篆字或隶字，由于其是一个孤立的空间，所以只能一笔一画地写；而行书要求一气呵成连绵不断，所以可以多字连写。39式杨氏养生太极拳中没有爆发力，没有断劲，始终缓慢匀和，不干扰心率。

● 太极拳的锻炼要领

身心
身形

人的健康有赖于科学的运动。39式杨氏养生太极拳套路的运动，顺自然，合生理。开始演练之前，头要正直，百会穴要始终贯气上引。身体要端正自然，避免挺胸、凸肚、低头、弯腰、弓背、翘臀等现象。

练拳时，动作要轻松柔和，不可用拙力、僵劲。要做弧形或环形或旋转运动，逐渐做到各个肌肉群和关节都无有不动，相互协调，使肌肉运动由浅肌层深入到深肌层。各个动作要均匀连贯，绵绵不断。拳架处处要求圆满，不要有凹凸、缺陷、断续之处。要以腰为轴心，腰部要松沉直竖，不僵硬，不软塌，不摇晃。骶骨要沉着有力，使重心下降稳定。旋转时以腰部来带动四肢。呼吸自然。口唇要自然闭合，下颌微向里收，舌放平，舌尖轻抵上腭。动作时，目光随着手转动而前视；停势时，目光前视，由近及远，眼神要兼顾上下左右；颈项要随目光转动，放松而不僵硬。

心意

练拳时，要把思虑、烦恼、杂念等丢开，使中枢神经安静下来，让脑部得到休息，以便于放松周身肌肉、关节和内脏器官。练拳时，始终要全神贯注，用意识指导动作。

头部

头顶

中医经络学说认为头为"百脉之宗"。十二正经之中，有六条阳经上行于头，而六条阴经也是通过各种别道会合于头。练拳时要"虚领顶劲"，（即内气轻轻上顶百会穴），除了可以使头部自然正直，防止前俯后仰、左右歪斜之外，还便于中枢神经系统调节全身各个系统和器官的功能，高度发挥对人体平衡的控制作用。内气上顶百会穴不可太过，也不可不及，要虚虚上顶，就像"气沉丹田"不可硬往下压一样。正确掌握"顶劲"和"沉气"，有利于练拳时全身动作轻灵、圆活、沉着、稳健。

面部

面部肌肉放松，表情自然。

眼睛

眼光既有定向而又不呆视，眼神应兼顾上下、左右和前后。练拳时，应随主要的手势而转动。这样使动眼神经和视神经得到锻炼，有利于视力的保护和恢复。

口唇

口唇要轻闭，齿要轻合，舌尖要轻抵上腭。这样可以刺激腮腺，增加口腔津液分泌。唾液中含有唾液淀粉酶、脂酶、氧化酶、过氧化酶等，有利于消化。

鼻部

要始终用鼻呼吸，这样能防止污物吸入肺部，又能调节湿度。呼吸要自然，动作熟练后，可以逐渐做到呼吸与动作配合，但不可勉强。在练拳过程中，如感觉呼吸不畅，可以张口徐徐呼气，呼毕即合唇，不可憋气。

下颌

颌要微微内收，不可向前仰起，也不可内收过多，以免引起呼吸不畅和影响"虚领顶劲""含胸拔背"的姿势。

耳部

耳朵是血管和神经密集敏感区，按照中医经络学说，"肾气通于耳"，说明耳与五脏六腑相通。《灵枢·口问》说"耳为宗脉之所聚"，全身功能状态的信息，也同样通过各种渠道汇集到耳。中医可以通过耳穴来诊断相应部位的病变。所以练拳时，要注意兼顾耳部，耳听八方。随着百会穴的虚领顶劲，耳尖也要虚领直竖，而耳根需松沉，使之上下对称，结合神舒体静，听觉自然灵敏。

颈项

颈项要端正竖起，不可僵硬。这样左右转动的时候，方能自然、灵活。运动生理学证明，身体的转动除了决定于大脑的支配外，颈肌反射也有一定作用。例如，人仰面时，头部的重量可使胸腹肌紧张；低头时可使背肌紧张；侧转时，可使对侧肌紧张。

颈项能否松竖同"虚领顶劲"能否领起极有关系。顶劲太过，颈项会僵硬起来；顶劲不领，颈项会软塌下去。后项中的哑门穴与尾骶部的长强穴相呼应，哑门穴是颈椎的第一个椎骨（寰椎）所在位置。通过寰椎的活动，头颅成为平衡的杠杆，对脊柱起着平衡和调节作用。练拳时，眼神向何处转动，颈项也跟着向何处转动。

上肢

肩关节

练拳时，手臂在伸、缩、环弧、旋转时能否松柔圆活，关键在于肩关节是否松开。松开肩关节要在意识引导下，经过长期的锻炼才能逐渐做到。在肩部，三角肌把肱骨、肩胛骨、锁骨连在一起，背阔肌把腰椎、肱骨连在一起，胸大肌把肱骨、胸肋骨、锁骨连在一起。所以，若能练到肩关节松沉，肘节下垂，即"沉肩坠肘"，就能使胸部、背部、腰部也松下来，帮助"含胸拔背"自然形成。"沉肩坠肘"时要注意腋下留有约一平拳距离，使手臂有回旋的余地。两肩要平齐，防止在转动、变换姿态时一高一低，破坏身法中正。

肘关节

练拳时，肘关节始终要微曲并具有下坠之劲，使肘部有回旋的余地，便于保护两肋、两腰。太极拳术语中有"肘不贴肋，肘不离肋"之说。

腕关节

腕关节在全身关节中最为灵活，旋转度也很大，练拳时要注意"坐腕"。一般练拳者，只重视腕的旋转而忽视了"坐腕"的重要性，因此，容易练成腕力软弱，好像舞蹈中的揉腕，形象上似乎有了轻灵圆活的美，但实际上缺乏刚劲，这样内劲就无法贯注到手指。

手掌

手最为灵巧，手法的变化最多。39 式杨氏养生太极拳的手形分掌、拳、勾手三种，套路内以掌法为主。手指松疏，出掌和收掌都应以自然舒展为主，手指不要用力并紧或用力张开，掌心也不要做成窝形。掌的动作是整体动作的一部分，应当与腰、腿、脚的动作相协调。

拳

39 式杨氏养生太极拳的握拳形式，是四指并拢，用中指尖带领其他手指尖一起弯曲合拢，中指尖贴掌心（劳宫穴）。然后将大拇指指肚贴于中指第二节中段上，但不宜太紧，也不可太松，分之不开，击之不散。出拳落点时，拳面朝前，拳背与小臂齐平，不可内凹或外凸，以防腕部受伤。

躯干

胸部

胸部姿势在武术中有三种：挺胸、凹胸和含胸。挺胸时，胸部紧张，破坏了呼吸的自然和深长。凹胸时容易形成驼背，压缩了胸腔，使横膈肌不能舒展下降，妨碍呼吸和血液回流心脏。"含胸"是胸部要有宽松的感觉，有利于自由呼吸和逐渐做到腹式深呼吸。"含胸"即在不增加呼吸频率的情况下加强呼吸的深度，防止运动中出现气喘的现象。在整套 39 式杨氏养生太极拳套路中始终要求"含胸"。

背脊

"含胸"和"拔背"是连在一起的，能含胸就能拔背。"拔背"是当胸略内含时，背部肌肉往下松沉，大椎穴有鼓起上提之感觉。这样，背部肌肉就有一定张力和弹性。由于背脊同肩背相连，所以太极拳论认为"力由脊发"，实际上是肩和背的肌肉一起用力。"拔背"主要是使背部的肌肉得到舒展。

腹部

39 式杨氏养生太极拳对腹部的要求是"松静""气沉丹田"。39 式杨氏养生太极拳的腹式深呼吸运动是小腹内收为呼，小腹外突为吸，小腹外突时才是"气沉丹田"。因此，"气沉丹田"并不僵硬化，一呼一吸使"气沉丹田"与气不沉丹田交替进行，太极拳论所说的"气宜鼓荡"正说明了"气沉丹田"不是绝对化的。一般情况下习练 39 式杨氏养生太极拳，宜采用自然呼吸方式，即只着重动作的准确性，任其呼吸自然。如果要提高锻炼效果和治疗疾病，那就可以采用腹式深呼吸，但应该在动作十分熟练以后，以防产生弊端。

腰部

39式杨氏养生太极拳对腰部的具体要求是：松、沉、直。"松而沉"，是为了使"气沉丹田"能够沉得充分，使上体不浮，下体稳重，而又转动灵活。同时要求腰部在松、沉中有往上拔长之意，使内劲达到支撑八面的功力。直，还能够使腹肌松弛，从而在练拳时，有利于呼吸深长。

臀部

臀部的生理构造是稍微向外突出，但在练拳时如果臀部外突，必有弯腰、低头之弊端。低头如同眼不开，身体容易往前栽；低头猫腰中枢死，全掌全步使不开。故练太极拳要始终注意"敛臀"。

下肢

裆部

裆即会阴部位，太极拳要求"圆裆"，即练拳时两腿不可夹住，两胯要微微撑开，两膝微向里扣。圆裆十分有利于气血下注会阴穴、长强穴。

胯部

胯，即腹股沟，是腰腿相连接的地方。首先要求松开胯关节，胯关节松开后，腰腿的动作就更为灵活协调。在圆裆的基础上结合松胯，可使耻骨联合和坐骨结节上的关节隙缝扩大，运动度从而得到扩大。这样就灵活了腿部的运动，使内劲上升到腰脊，起到开胯的作用。以腰部为轴心微微转动时，骨盆也连带着微微转动，因此，转腰实际上是在转腰胯，经常做弯腰、压腿和踢腿的基本功，可以帮助胯关节松开，提高其灵活性和柔韧性，使腰腿的转动非常灵活，迈步也轻灵。

膝关节

39式杨氏养生太极拳经常屈膝做缓慢均匀的动作，运动时，始终轮流以一足支持重心，因此，膝关节的负担量要比练快速动作的体育活动大得多。胯关节和膝关节的频繁运动也加强了这两大关节的灵活性。以养生、祛病为目的的太极拳练习者，架势可以高一些，以减轻对膝关节的压力。前足弓出踏实时，膝尖不可超出脚尖，也不可实脚转（即不放松膝关节，强行转动），以防损伤半月板。

足

足为步形、步法的根基，根基不稳，步形、步法必乱。迈步时，先须坐稳一腿，屈膝松胯稳定重心，然后另一脚缓缓迈出。

基本动作图解

● 身法

练太极拳时以腰为轴，配合四肢活动的方法叫身法。身法要求立身中正安舒，伸缩、收放、旋转自如。身法靠全身主要关节运转，肌肉协调收缩，以意带动实现"形神合一"。具体而言：头要虚领顶劲，颈要自然竖直，肩要松沉，肘要沉坠，胸要松舒，背要伸拔，脊要正直，腰要松直，胯根要松，臀要收敛，膝要伸屈自然柔和。

● 手法

掌型
五指自然舒展，掌心微凹。（图 2-1）

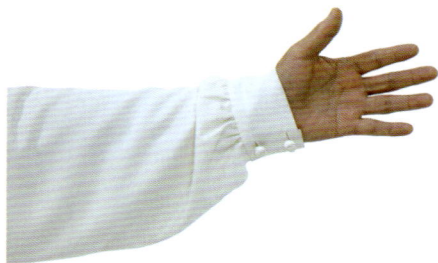

图 2-1

掌法
立掌
五指指尖朝上，或偏向上方，掌心不朝正前方，手腕向掌背一面上屈。（图 2-2）

图 2-2

正掌

五指指尖朝上，掌心朝正前方，腕部形成 90° 左右的直角。（图 2-3）

图 2-3

俯掌

掌心朝下，不论手指尖朝什么方向。（图 2-4）

图 2-4

仰掌

掌心朝上，不论手指尖朝什么方向。（图2-5）

图2-5

垂掌

五指自然分展下垂。（图2-6）

图2-6

侧掌

掌缘朝下，掌指朝前。（图2-7）

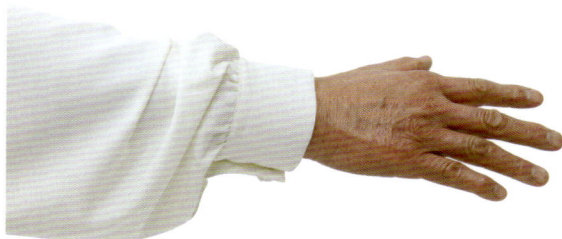

图2-7

反掌

拇指朝下，手掌侧立。（图 2-8）

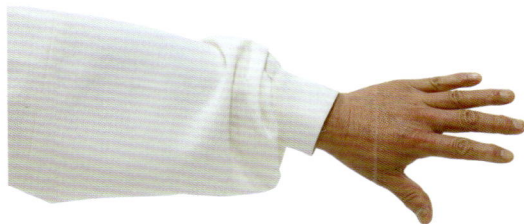

图 2-8

挑掌

手指上翘，沉腕立掌，由下向上挑起的动作。（图 2-9）

图 2-9

托掌

泛指仰掌由下向上的动作。（图 2-10）

图 2-10

抹掌

俯掌沿另一臂上方向前柔劲抹出，力达掌外缘。（图 2-11）

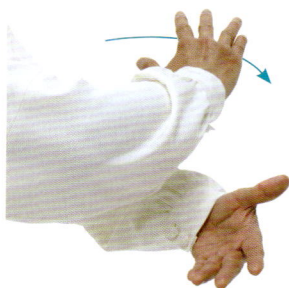

图 2-11

拳型

五指蜷曲，自然握拢，拇指压在食指、中指第二指节上，拳面平整。（图 2-12）

图 2-12

拳法（捶法）

立拳（立捶）

虎口朝上，拳心朝里。（图 2-13）

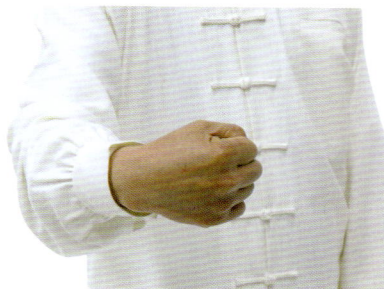

图 2-13

正拳（正捶）

虎口朝上，向前伸出或向里收回。用拳时，很少用旋腕转臂的动作。（图 2-14）

图 2-14

反拳（反捶）

虎口朝下，置于额前上方。（图 2-15）

图 2-15

栽拳（栽捶）

虎口朝前，拳面斜向下方。（图 2-16）

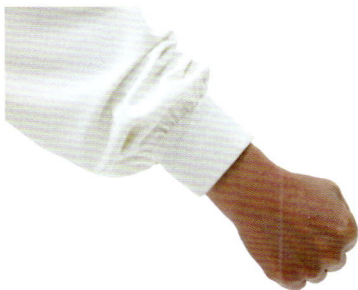

图 2-16

仰拳（仰捶）

拳心朝上，拳背朝下，拳面朝前。（图 2-17）

图 2-17

搬拦捶

用拳搬开对方来拳，随即拦阻，再用拳进攻。（图 2-18）

图 2-18

撇身捶

拳走横向，格开来拳，粘其手腕向后捋。（图 2-19）

图 2-19

平拳

也称俯拳，握拳直腕，拳心向下，拳面向前。（图 2-20）

图 2-20

勾手

五指虚虚并拢，大拇指指肚捏在食指指肚与中指指肚之间，五指下垂。（图 2-21）

图 2-21

● 步法

步型

步型是指武术中步子的式样和类型，主要有开步、平行步、弓步、马步、仆步、虚步、并步、错步、跟步、插步、独立步、交叉步等。

步法

练太极拳时脚步移动变化的方法。其特点是：进退转换虚实分明，"迈步如猫行"，轻稳敏捷，支撑平衡。

上步

后脚前进一步或前脚前移半步。（图 2-22）

图 2-22

退步

前脚后退一步。（图 2-23）

图 2-23

撒步

一脚后退一步，另一脚后退半步。在太极拳中撒步和退步有时可以通用。（图 2-24）

图 2-24

进步

两脚连续向前移动各一步。（图 2-25）

图 2-25

跟步

重心移向前脚时，后脚乘势向前跟进半步（亦称垫步）。（图 2-26）

图 2-26

插步

一脚经支撑脚后面横落步。（图 2-27）

图 2-27

扣步

脚落步时脚尖内扣。（图 2-28）

图 2-28

摆步

脚落步时脚尖外摆。（图 2-29）

图 2-29

碾步

以脚跟为轴，脚尖外展或内扣；或以脚前掌为轴，脚跟内外展。（图 2-30）

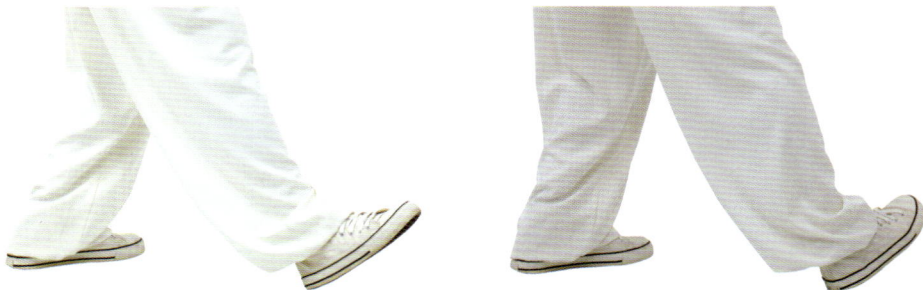

图 2-30

弓步

又称丁八步。两脚内缘横向距离与肩同宽，前腿屈膝半蹲，脚尖正对前方；后腿自然伸直，脚尖向里扣 45°。（图 2-31）

图 2-31

马步

两脚平行，与肩同宽，两腿坐实。（图 2-32）

图 2-32

虚步

两脚错开距离保持在中线两侧，后脚脚尖外展45°，屈膝下蹲，前脚的脚掌或脚跟点地。（图2-33）

图2-33

仆步

两腿开步站立，然后一腿屈膝全蹲，脚掌踏实，足尖微向外展；另一腿伸直平铺地面。含胸、立腰、松胯、敛臀。（图2-34）

图2-34

侧步

两脚平行连续侧向移步。（图2-35）

图2-35

平行步

两脚开立，脚尖向前，两脚掌平行，两脚掌距离与肩同宽。（图 2-36）

图 2-36

独立步

单腿直立，另一腿提起，膝与胯平或高于胯，脚面微绷，脚尖自然下垂。（图 2-37）

图 2-37

蹬脚

一腿支撑，另一腿由屈到伸，脚尖勾起，力达脚跟。（图 2-38）

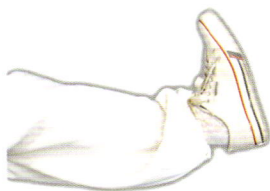

图 2-38

分脚

一脚支撑，另一腿屈膝提起，小腿伸直，脚面绷平，脚尖向前，力达脚尖。（图2-39）

图 2-39

摆莲腿

一腿支撑，另一腿伸直由里向外成扇形摆动，同时双手快速拍打脚面。（图2-40）

图 2-40

呼吸法与取穴法

一
叁

● 39式杨氏养生太极拳的健身呼吸法和疗病呼吸法

一切疾病的发生都可以从经络不正常中找到原因，同样，一切疾病的康复也都可以通过调整经络而达到治疗的目的。39式杨氏养生太极拳的运动属于经络锻炼运动。众所周知，经络是人体从皮肤直到肌肉、脏腑的一种复杂的立体结构，39式杨氏养生太极拳运动时，相关的肌肉收缩和舒张，张力变化的刺激和因肌肉收缩而引起的热和代谢产物的化学刺激，使经脉所特有的能量传导作用得到更好的发挥，使五脏六腑、四肢百骸的功能更加协调，从而达到提高免疫力、预防和治疗疾病的效果。当然，在强调39式杨氏养生太极拳运动中经络对全身调整作用的同时，也并不排除神经体液对机体内环境稳定的调节作用，但是从总体意义上讲，经络的影响处于主导地位。39式杨氏养生太极拳是中医与武术的结合发展而成的，是既能锻炼经络，又能防病治病的医疗体育。

39式杨氏养生太极拳作为健身手段时宜采用自然呼吸法，用于治疗疾病时宜采用腹式呼吸法。腹式深呼吸有两种，一种是顺式，一种是逆式。顺式呼吸时放松腹部，任腹部随呼吸气息的出入而起伏，呼气时腹部凹下，吸气时腹部凸起。逆式呼吸吸气时收缩腹肌，呼气时放松腹肌，吸气时腹部凹下，呼气时腹部凸起。腹式呼吸时由于腹肌大幅度运动，从而激发肾经、胃经、脾经、肝经、任脉的经气，促使五脏六腑以及四肢百骸气血畅通，功能改善，从而达到治病的效果。

39式杨氏养生太极拳治疗疾病时采用的是顺式腹式呼吸法，具体方法是：吸气时用鼻，慢慢地吸，意想所吸入之气自然地到达丹田。这时腹部肌肉尽量放松，小腹慢慢地鼓起来，稍停片刻，再从口把气慢慢地呼出去。呼气时，腹肌尽量收缩，小腹凹进去。呼和吸都要自然，不憋气，不紧张，每分钟呼吸达6~8次，比健康人正常平和呼吸（每分钟16~20次）慢一倍多。用此呼吸法习练套路时，动作也随之减慢，要比用自然呼吸法慢一倍。这样不仅增加了肺通气量，降低了能量消耗，提高了氧气的吸收量，而且能促进胃液、膜液和胆汁的分泌。这些分泌液中的各种消化酶，如淀粉酶、蛋白酶、脂肪酶可分别把淀粉分解为葡萄糖，把蛋白质分解为氨基酸，把脂肪乳化成甘油和脂肪酸而被吸收，供全身需要。另外，还可促进胃、肠的蠕动，增强其消化能力，促进静脉血回流，消除肝脏瘀血等。

在采用顺式腹式呼吸法习练 39 式杨氏养生太极拳时，还要正确配合两条腿的虚实变化。这样的运动，非常有利于足三阴、足三阳经脉的锻炼。脾、胃是人的后天之本，主管人的消化吸收和营养；膀胱经是人体"防火墙"，可以防御一切外邪入侵；肝经、胆经是人体气血、精神、情志的调节网；肾为人体的先天之本，贮藏精气，主管人的工作精力和"生老病死"；加上奇经八脉和主管人体活动的阴跷脉和阳跷脉，主管阴阳平衡的阴维脉和阳维脉等共计 20 条经脉。运动时两条腿不断地虚实变化，自然激发了这些经脉的经气。另外，腿部的肌肉运动，也必然通过神经的反射作用，刺激心血管呼吸中枢，增加回心血量和心脏的搏出量、肺的通气量，使全身的经络和脏腑器官得以调整。

坚持长期习练 39 式杨氏养生太极拳，能使人的先天精气充沛，后天水谷、大气之精不断补充，处于健康的状态。

● 39 式杨氏养生太极拳配穴穴位图解

穴位讲解

头部

百会（督脉）（图 3-1）

取穴：头顶正中线上，距前发际 5 寸，或后发际直上 7 寸，约两侧耳廓尖连线之中点。

主治：头痛、眩晕、耳鸣、鼻塞、高血压、脱肛、子宫下垂、中风失语。

用法：练拳时始终要气"顶"百会穴。

风府（督脉）（图 3-1）

取穴：枕后正中枕骨缘，后发际正中直上 1 寸，两筋间之凹陷中。

主治：头痛、项强、眩晕、咽喉肿痛、感冒发热、中风不语、半身不遂。

用法：练拳预备动作前横擦风府穴、风池穴。

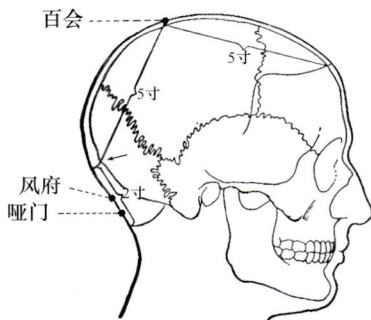

图 3-1

风池（胆经）（图 3-2）

取穴：胸锁乳突肌与斜方肌之间。

主治：头项强痛、目赤痛、近视、视力模糊、感冒、耳鸣、鼻炎、鼻塞、高血压。

用法：练拳预备动作前横擦风府穴、风池穴。

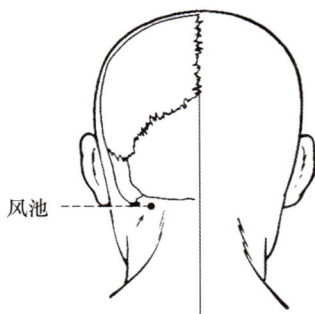

胸腹部

天突（任脉）（图 3-3）

取穴：胸骨柄上缘，在凹陷处。

主治：哮喘、咳嗽、音哑、咽喉肿痛、甲状腺肿大、呃逆、百日咳。本穴具有宣肺化痰、利咽清音的作用。

用法：有上述病症者吸气、呼气时意在天突穴。

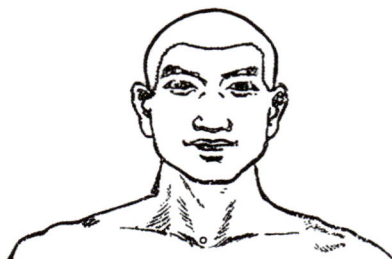

膻中（任脉）（图 3-4）

取穴：两乳之间，平第 4 肋间隙。

主治：一切气机病证，以及呼吸系统疾病。

用法：有各种心脏病的患者吸气、呼气时意在膻中穴。

中脘（任脉）（图 3-4）

取穴：脐上 4 寸。

主治：六腑之病。

用法：消化不良患者吸气、呼气时意在中脘穴。

中极（任脉）（图 3-4）

取穴：位于脐下 4 寸，或耻骨联合上 1 寸，腹正中线上。

主治：阳痿、遗精、遗尿、闭经、崩漏、尿潴留、月经不调、白带多、痛经。

本穴为任脉、足三阴经交会穴，具有培元气、助消化、补肾调经的作用。

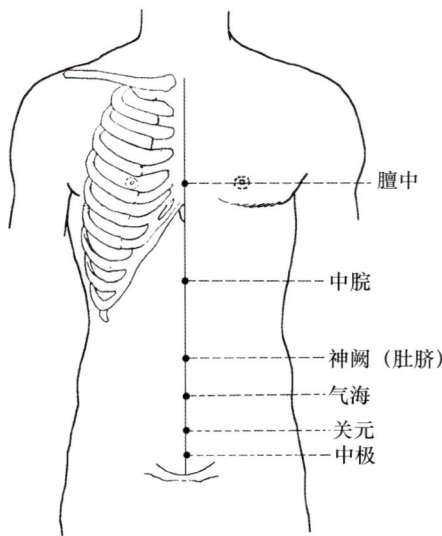

风池

图3-2

天突

图3-3

膻中
中脘
神阙（肚脐）
气海
关元
中极

图3-4

关元（任脉）（图 3-4）

取穴：脐下 3 寸。

主治：小腹痛、泄泻、血尿、遗尿、阳痿、月经不调、白带多、尿频、尿急、尿痛、胃下垂。此穴为保健要穴。

气海（任脉）（图 3-4）

取穴：脐下 1 寸半。

主治：各种气虚证、小腹痛、疝气、泻痢、遗精、阳痿、遗尿、月经不调、不孕、中风脱证、气喘。本穴有强壮作用，为保健要穴。

用法：元气不足、衰老、腰痛之患者，吸气、呼气时刻意想气下沉时经过神阙穴、气海穴、关元穴、中极穴，然后气在小腹部旋转一圈，气先沉入实腿腹部沟，然后往虚腿腹部沟弧形往上呼出。

大包（脾经）（图 3-5）

取穴：腋中线直下 6 寸，位于第 6 肋间隙。

主治：调整阴阳诸经，保健全身脏腑百骸。

用法：单鞭转动时，意在大包穴，可助胸胁痛、全身痛、气喘、乏力患者康复。

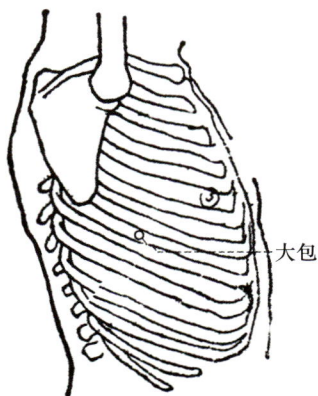

图3-5

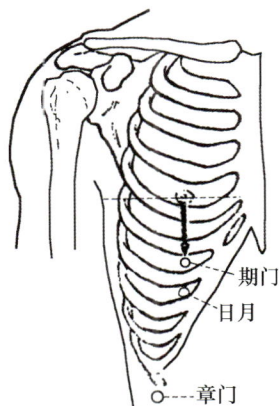

图3-6

章门（肝经）（图 3-6）

取穴：在侧腹部，第 11 浮肋端下际。当屈肘合腋时，肘尖所到之处即是本穴。

主治：五脏之病。

用法：练单鞭转动时，意在章门穴，可助脾胃虚弱、肝炎患者康复。

期门（肝经）（图 3-6）

取穴：乳头直下，平第 6 肋间隙。

主治：胸满腹胀、胸胁痛、呕逆吐酸、胆囊炎。本穴具有疏肝理气、活血化瘀的作用。

用法：练玉女穿梭时意在期门穴，有助于亚健康患者康复。

日月（胆经）（图 3-6）

取穴：乳头直下，第 7 肋间隙。

主治：呕吐、吞酸、胁肋痛、呃逆、黄疸。本穴有疏肝利胆、宽胸理气的作用。

丹田

取穴："丹"指元气而言；"田"指居处而言。关于丹田的位置，众说不一。气功家特别强调丹田之气，但部位比较广泛；针灸家则强调局限的穴位。因此有狭义丹田和广义丹田之分。狭义丹田，位于脐下 3 寸，即关元穴。古人认为丹田是男子精室、女子胞宫所在。《难经》记载"脐下肾间动气"为十二经之根本，此处为元气所藏，故认为关元为狭义丹田。《针灸甲乙经》中指出："石门、三焦募也，……一名丹田，一名命门，在脐下二寸，任脉气所发。"认为石门穴为丹田。考气海穴，古云为元气之海，男女产生元气之海，认为气海穴为丹田。所以广义的丹田，乃指脐下气海穴、石门穴及关元穴，部位比较广泛。

用法：39 式杨氏养生太极拳十分注重气沉丹田（即深呼吸），是强壮身体，延年益寿根本之举。

会阴（任脉）（图 3-7）

取穴：任、督、冲三脉的体表循行起点。男子在阴囊与肛门之间定穴；女子在大阴唇后联合与肛门之间定穴。

主治：呼吸衰竭、二便不利、遗精、前列腺炎、痔疮、脱肛、子宫下垂。本穴具有回阳升压、补肾固脱的作用。

用法：收势时会阴穴可以快提慢放。

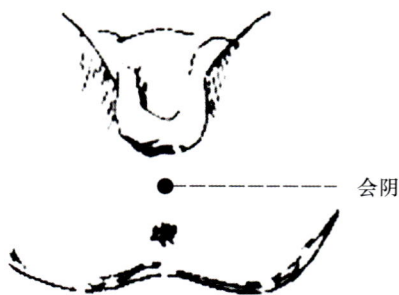

图3-7

背部

大椎（督脉）（图 3-8）

取穴：第 7 颈椎脊突下，于两肩峰连线中点。

主治：热病、感冒、喘咳、大脑发育不全、脑炎后遗症、项背强痛、头重如裹、出虚汗、性情急躁。本穴具有疏风散寒、解表通阳、理气降逆、镇静安神、醒脑解痉及强壮作用。

用法：练拳时始终保持含胸拔背，可达到上述康疗效果。

命门（督脉）（图3-8）

取穴：第2腰椎棘突下，两肋弓下缘连线与脊柱的交点处。命门与脐在同一水平位上。

主治：腰痛、遗精、阳痿、遗尿、月经不调、白带、腹痛。本穴具有强壮保健作用。

用法：练拳时保证达到收腹敛臀、脊柱中定，才能有上述康疗效果。

长强（督脉）（图3-8）

取穴：尾骨尖端与肛门连线中点。

主治：脱肛、痔疮、便秘、便血、腰脊痛。本穴具有清热止血，升提肛肠的作用。

用法：在练蹬脚、分脚时，上顶百会，下沉长强，效果最佳。

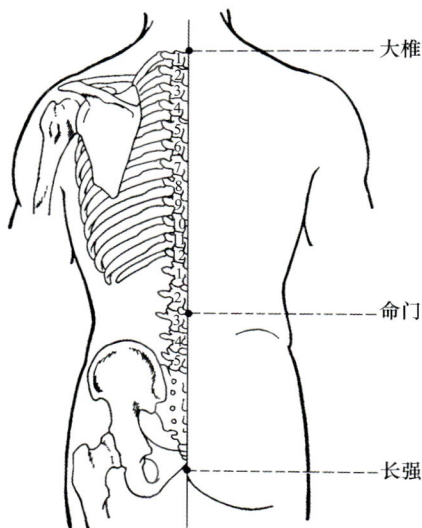

图3-8

膈俞（膀胱经）（图3-9）

取穴：第7胸椎脊突下旁开1.5寸处。

主治：一切血病、肿瘤。

用法：古代把膈有病叫膈气（胃癌），或称之"病入膏肓"，练拳时含胸拔背就是扩容胸腔、活血化瘀，使膈肌得到新陈代谢的更多机会。只要活血化瘀就不会出现癌变。

八髎（膀胱经）（图3-9）

取穴：八髎是上髎、次髎、中髎和下髎的合称（因每髎左右各一个穴位，故称八髎）。

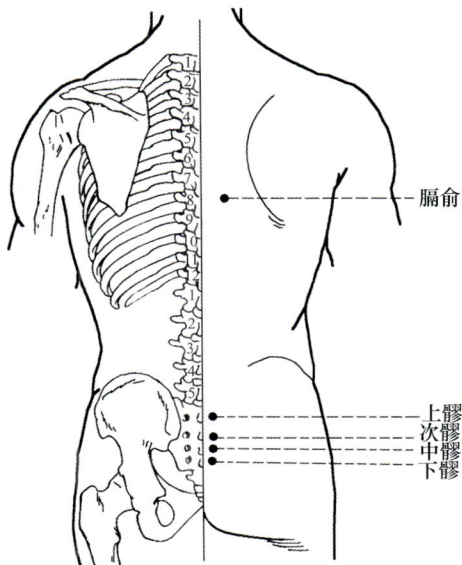

图3-9

上髎取穴在第 1 骶后孔中。次髎取穴在第 2 骶后孔中。中髎取穴在第 3 骶后孔中。下髎取穴在第 4 骶后孔中。

主治：泌尿生殖系统疾患，如月经不调、带下、痛经、小便不利、尿频、尿急、尿痛以及腰痛、坐骨神经痛等。

用法：拳中分脚、摆莲的动作可防治上述疾病。

上肢部

极泉（心经）（图 3-10）

取穴：腋窝最高点。

主治：咽干、心痛、胁肋痛、瘰疬、肘臂冷痛。

用法：练拳时要求始终空出腋窝，让极泉穴畅通。

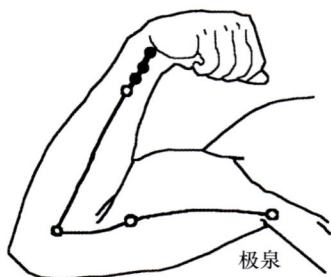

图3-10

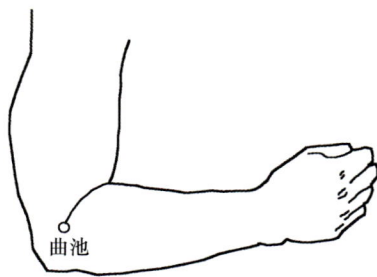

图3-11

曲池（大肠经）（图 3-11）

取穴：肘横纹头的外端。

主治：热病、高血压、头痛、偏瘫、手臂肿痛、荨麻疹、皮肤瘙痒、月经不调。本穴是强壮保健穴，可疏风解表、调理气血。

用法：练拳时始终要习坠时抻肘，有利于曲池血液流畅，防治上述病症。

列缺（肺经）（图 3-12）

取穴：两手虎口交叉，食指端所指凹陷处。

主治：偏头痛、咽喉干痛、咳嗽、气喘、口眼歪斜、牙痛、项痛、腕无力。

用法：《针灸总歌》说："头项寻列缺。"

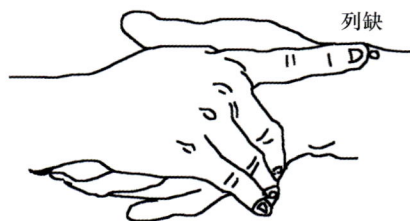

图3-12

拳中挤式、分掌的动作起到了按摩列缺穴的作用。

合谷（大肠经）（图 3-13）

取穴：第 1、2 掌骨之间；或以一拇指的指关节横纹正对另一手的拇、食指之间的指蹼缘上，则拇指尖所指处即本穴。

主治：头痛、感冒、颈项痛、咽喉肿痛、目赤肿痛、鼻出血、鼻塞、鼻炎、齿痛、耳聋、腮腺炎、口眼歪斜、多汗、腹痛、痢疾、便秘、闭经、痛经、上肢瘫痪。

用法：拳中挤式、分掌的动作起到了按摩合谷穴的作用。

 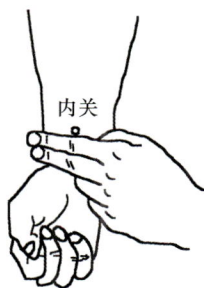

图3-13　　　　　　　图3-14

内关（心包经）（图 3-14）

取穴：在腕横纹正中直上 2 寸两筋之间。

主治：心悸、心绞痛、胸胁痛、胃痛、呕吐、眩晕、失眠。本穴具有理气和胃、宁心安神、镇静镇痛等作用，是治疗心血管系统疾病的要穴。

用法：《针灸总歌》曰："心胸取内关。"拳中挤式、分掌的动作有按摩内关穴的作用。

外关（三焦经）（图 3-15）

取穴：腕背横纹正中直上 2 寸，桡骨与尺骨之间。

主治：热病、偏头痛、耳聋、耳鸣、胸胁痛、落枕、腮腺炎、上肢麻痹及关节疼痛。本穴具有通经活络、疏风解表的作用。

用法：练拳中凡挤式中都是意推外关穴，激活三焦经。

商阳（大肠经）（图 3-16）

取穴：在食指桡侧爪甲旁 1 分处取穴。

主治：热病、咽喉肿痛、昏迷、牙痛、手指麻木、腮腺炎、

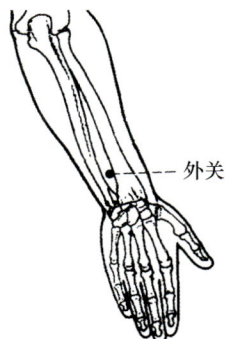

图3-15

脑充血。本穴具有开窍醒脑、泄热消肿的作用。

用法：练拳时挤式、分掌的动作会擦拭此穴。

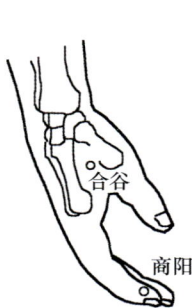 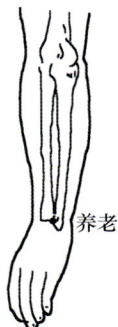 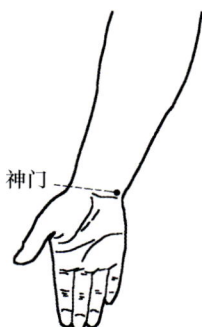 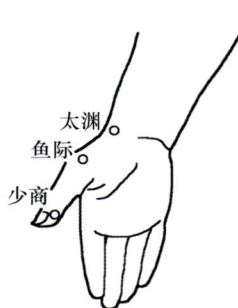

图3-16　　　　　图3-17　　　　　图3-18　　　　　图3-19

养老（小肠经）（图 3-17）

取穴：尺骨小头后内凹陷中。取穴时，屈肘掌心向胸，并做旋外动作，当尺桡关节缝中取之。

主治：耳聋，眼花，行动不便，肩、臂、腰痛，起坐艰难的老年病，十分有效。本穴能增进健康，延年益寿。

用法：练拳时有大量的旋腕动作，有利于防止上述病症。

神门（心经）（图 3-18）

取穴：在尺侧腕后第 2 条横纹头凹陷中取之。

主治：失眠、健忘、惊悸、心痛、癔症。

用法：练拳时坐立掌时，是神门穴最得益的状态。

太渊（肺经）（图 3-19）

取穴：掌后腕横纹桡侧端，桡动脉桡侧凹陷中。

主治：一切经脉之病。

用法：练拳中挤式、分掌的动作擦拭此穴。

鱼际（肺经）（图 3-19）

取穴：在第 1 掌骨中点，赤白肉际处。

主治：咳嗽、咯血、咽喉肿痛、失音、发热、掌中热。

少商（肺经）（图 3-19）

取穴：在拇指桡侧爪甲角后 1 分处。

主治：热病、咽喉肿痛、手指麻木、鼻出血、晕厥。本穴具有清肺热、利咽喉、回阳救逆的作用。

　　用法：在预备式前横擦风府、风池穴的同时也擦摩了鱼际、少商、劳宫穴。

　　劳宫（心包经）（图 3-20）

　　取穴：握拳时中指尖所指之处。

　　主治：心痛、手汗多、口疮、口臭、呕吐、翻胃。本穴有消怒降压、抑中风作用。

　　用法：练拳中挤式，用劳宫穴搭内关穴，挤向外关穴。

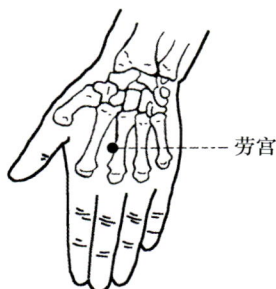 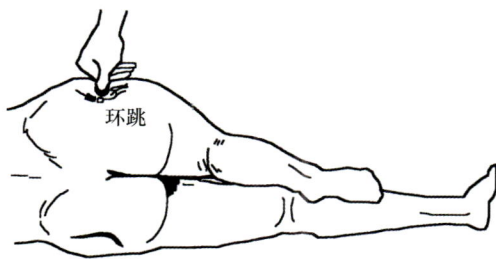

图3-20　　　　　　　　　　图3-21

　　下肢部

　　环跳（胆经）（图 3-21）

　　取穴：大转子前缘与骶骨裂孔连线外 1/3 与内 2/3 交界处。

　　主治：坐骨神经痛、半身不遂、腰胯痛、膝胫痛。本穴有通经活络、祛风散寒、强健腰腿的作用。

　　用法：拳式中金鸡独立的动作有效地锻炼了环跳穴。

　　风市（胆经）（图 3-22）

　　取穴：大腿外侧正中，直立垂手时中指尖到达的地方。

　　主治：半身不遂、下肢痿软、下肢麻木、周身瘙痒、腰腿酸痛、脚气。本穴具有祛风通络作用。

　　用法：太极拳起势、收势时用中指尖点按此穴。

　　委中（膀胱经）（图 3-23）

　　取穴：腘横纹中点。

　　主治：腰背痛、坐骨神经痛、下肢风湿痛、半身

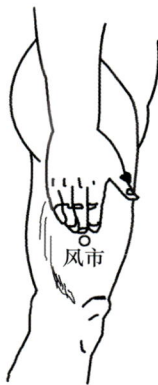 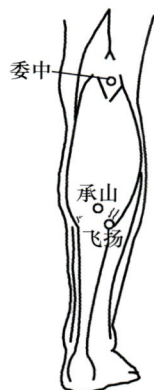

图3-22　　　　　图3-23

不遂、腹痛、吐泻、髋关节活动不利、小腿肚转筋。本穴具有疏经活络、强健腰膝、止吐止泻的作用。

用法：练拳时蹬脚、弓步时的后腿都要求腘窝（委中穴）有抻拉运动。

承山（膀胱经）（图3-23）

取穴：小腿肚后的人字纹之凹陷的顶端，当足尖着地、足跟提起时尤为明显。

主治：腰痛、腿痛转筋、痔疾、便秘、脚气。本穴具有疏经活络、调理脏腑的作用。

用法：承山穴顾名思义，是此穴承受山一样的重量，练拳中大多数招式是一条腿承受身体重量，长期这样的练习无疑可防止上述疾病，强化人的稳定性。

足三里（胃经）（图3-24）

取穴：膝眼直下3寸，距胫骨约1横指处。

主治：一切慢性病。本穴具有强壮保健作用。

用法：中老年人做摆莲动作拍脚时，可不必去拍脚面，改拍足三里穴有益。

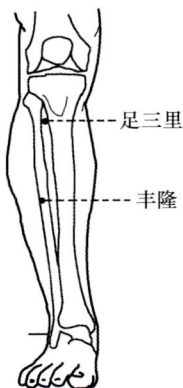
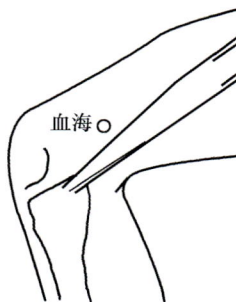

图3-24　　　　　　　　图3-25

血海（脾经）（图3-25）

取穴：髌骨内上缘上方2寸处。

主治：月经不调、闭经、痛经、皮肤湿疹、荨麻疹、膝关节炎、睾丸炎。本穴具有祛风散热、调和气血的作用。

用法：练拳时凡做到马步式半蹲时，血海穴有发胀感觉或有上述病症的患者，多站马步桩有益。

内庭（胃经）（图 3-26）

取穴：脚面第 2、3 趾的趾缝，稍微往后约 1 横指处。

主治：扁桃体炎、上牙痛、口渴、胃痛、腹胀、痛经、失眠、痢疾。本穴具有清咽利膈、止痛和胃、宽肠止泻的作用。

用法：练拳中，分脚、蹬脚弓步时，意在内庭穴。

 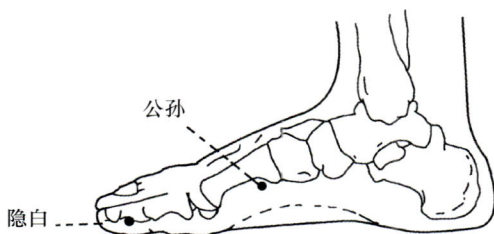

图3-26　　　　　　　　　　图3-27

隐白（脾经）（图 3-27）

取穴：足大趾内侧趾爪甲角旁 1 分处。

主治：腹胀、月经过多、白带多、子宫出血、多梦、梦魇。本穴具有调气血、益脾胃的作用。

公孙（脾经）（图 3-27）

取穴：足大趾内侧，第 1 跖骨小头部下方凹陷中，在赤白肉际处。

主治：腹痛、胃痛、脾胃虚弱、肠鸣、泄泻、痢疾。本穴具有调理脾胃的作用。

用法：练拳中，凡里扣脚尖时，意在隐白穴和公孙穴。

涌泉（肾经）（图 3-28）

取穴：在足底前 1/3 与后 2/3 交点凹陷处。

主治：头晕、目眩、头顶痛、咽喉痛、高血压、口干、失音、大便难、小便不利、足心热。本穴具有通关开窍、安神镇静的作用。

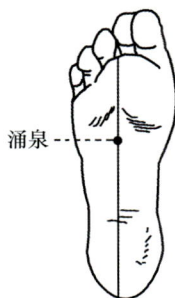

图3-28

用法：练拳中只要脚踩的动作，就要想到是在踩涌泉穴。

太溪（肾经）（图 3-29）

取穴：内踝尖与跟腱之间中点凹陷处。

主治：咽喉痛、牙痛、失眠、耳鸣、耳聋、乳腺炎、阳痿、气喘、咯血、遗尿、遗精。本穴具有调补肾气、通利三焦、强壮腰膝的作用。

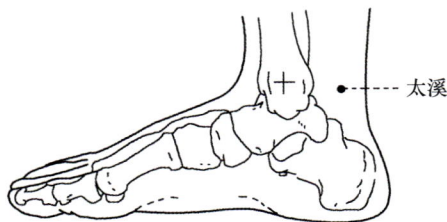 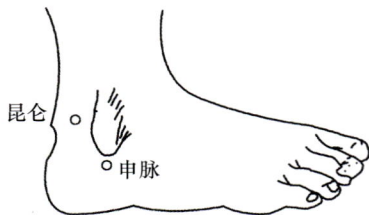

图3-29   图3-30

用法：有上述病症的患者，蹬脚动作中意在太溪穴，每天至少各蹬 36 次。

昆仑（膀胱经）（图 3-30）

取穴：外踝尖与跟腱之间凹陷中。

主治：头痛、项强、目眩、肩背腰腿痛、脚跟肿痛。本穴具有疏风活络、消肿止痛、强健腰膝的作用。

用法：有上述病症的患者，蹬脚时意在昆仑穴，每天至少各蹬 36 次。

申脉（膀胱经）（图 3-30）

取穴：外踝下缘凹陷中。

主治：腰腿酸痛、后头痛、眩晕、痫证。本穴有伸展经筋、利腰的作用。

用法：同昆仑穴。

太冲（肝经）（图 3-31）

取穴：第 1、2 趾骨结合部前方凹陷处，跖趾关节后。

主治：头痛、高血压、眩晕、失眠、郁证、胁痛、胆绞痛。本穴具有疏肝理气、通经活血作用。

用法：用左右分脚的招式单独练习，直至全身微微出汗为止。

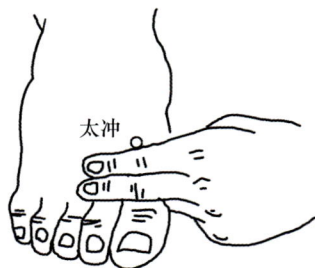

图3-31

图解 39 式
杨氏养生太极拳

第一段

跟我学第一段

1. 起势	6. 左搂膝拗步	11. 海底针
2. 揽雀尾	7. 手挥琵琶	12. 扇通臂
3. 单鞭	8. 倒撵猴	13. 转身撇身捶
4. 提手上势	9. 斜飞势	14. 云单鞭
5. 白鹤晾翅	10. 肘底捶	

第1式　起势

预备　面向正南，身体端正。两脚分左右站立，与肩同宽，成马步（脚踩涌泉穴），脚趾均朝前。两臂自然下垂，肘关节向后微撑，腋下空出约1平拳距离。两手各放在大腿的外侧，靠近裤管中线，手心朝内，指尖朝下（中指尖贴着风市穴）。（图4-1）

要点一　颈项要自然松竖，两肩要松沉，大椎穴有鼓起上提之意，与百会穴轻轻上顶相呼应；胸脯要自然宽舒，不凹不凸，自然形成"含胸拔背"之势；十二对肋骨微敛，这样有助于"气沉丹田"；腹部要"松静气盈"；腰部要松沉、竖直，不可僵硬或软塌；躯干不可左右歪斜，或前凹后凸；两胯关节微微撑开，两膝微向里扣，使裆部自然虚圆；臀部不可外突，也不可过于内收，应"尾闾中正"。全身肌肉、关节和内脏用意识引导，使其心静体松，思想集中。两眼平视，面向正南。

要点二　预备势之前，用左右掌心横擦左风池、风府、右风池三穴，擦至有热感为度，可预防感冒和鼻炎。

要点三　常常按摩风市穴，有祛风通络作用，可预防下肢瘫痪。

图4-1

要点四 保持头部正直，头颈缓慢向左肩或右肩中线扭去，以下巴达到肩中线为度，动作不宜过快和过慢，如此水平式活动左右各 18 次。再接着缓慢低头看第二粒纽扣，然后竖直头颅，再缓慢后仰头颅直至看到天空，如此低头仰脖各 18 次，最后缓慢旋转颈脖一圈计 18 次。此运动方式防治颈椎病甚效。

要点五 太极拳运动必须持续 10 分钟以上，只有持续（不可断劲）运动 10 分钟以上，五脏六腑才会"激活"到最佳状态；人体几百万个汗腺孔全部畅通，微微出汗，而大汗淋漓是损害人体的行为，因为汗是血的被耗现象，汗与血是因果关系，故常说"血汗"。

要点六 从起势开始到收势为止，每招每式必须放松命门穴，绝不可塌腰而损害腰椎腰肌。

动作 1 两臂内旋翻动，使手背朝外，掌心朝里，直于两胯前（掌根与胯的距离约 1 平拳），两臂保持与肩同宽。（图 4-2）

动作 2 两臂向前往上徐徐提起，提至两腕略与肩平，掌心朝下，指尖朝前。（图 4-3）

动作 3 松肩、坠肘、坐腕，两掌徐徐由上而下按至两胯前（掌根与胯的距离约 1 平拳），掌心朝下，指尖朝前。气沉丹田。两眼平视。（图 4-4）

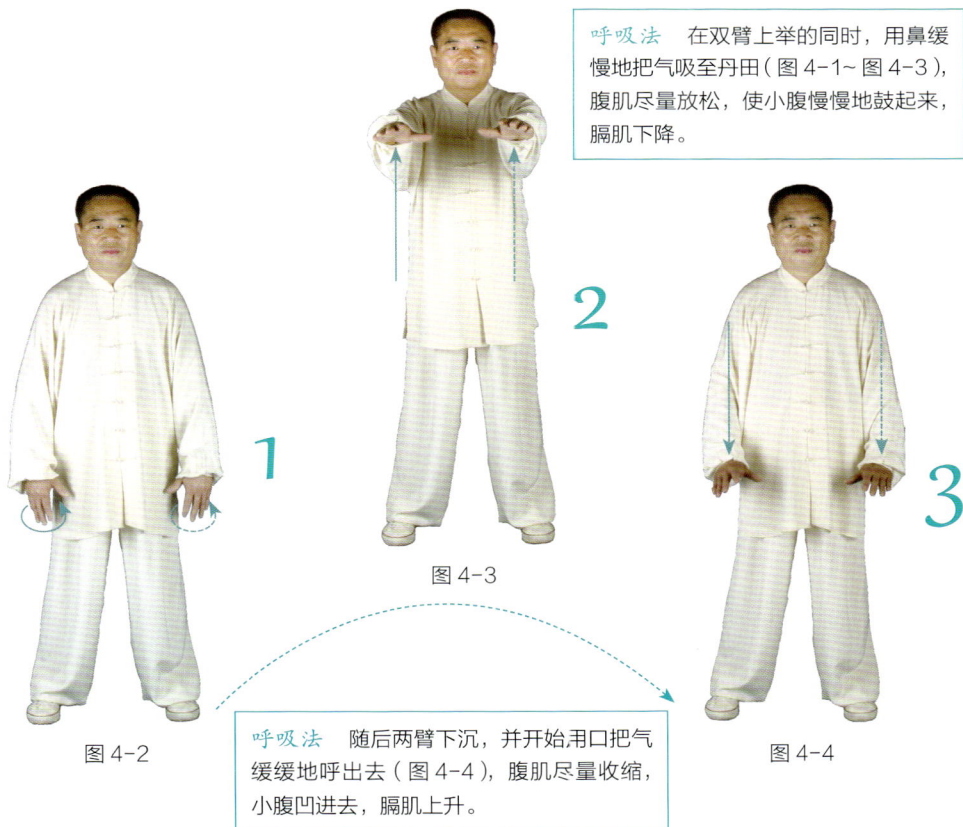

呼吸法 在双臂上举的同时，用鼻缓慢地把气吸至丹田（图 4-1~ 图 4-3），腹肌尽量放松，使小腹慢慢地鼓起来，膈肌下降。

图 4-3

图 4-2

呼吸法 随后两臂下沉，并开始用口把气缓缓地呼出去（图 4-4），腹肌尽量收缩，小腹凹进去，膈肌上升。

图 4-4

要点 1 本式中要求颈项自然松竖、两肩松沉、脊柱自然正直、松沉挺拔，这也是习练 39式杨氏养生太极拳整套动作的最基本要求，这样有利于鼓荡任、督二脉之气，调整全身经络和脏腑，使全身气血畅通，人体处于精气充沛状态。

要点 2 本式中两臂上举下按的运动，可提高对肺经和大肠经的刺激强度，增加这两条经脉的脉气，防治呼吸系统疾病和头面、五官病证，如头痛、面瘫、眼、鼻、咽喉、口齿、颈部及上肢桡侧的病证等。

要点 3 只要达到以上要求，每次呼吸比平时呼吸可多获75％的新鲜氧气和多排出体内 75％的浊气。

第2式　揽雀尾

左掤

动作1 重心左移，右脚外撇45°，脚趾向西南。两肘微向外撑，掌心朝下。（图 4-5）

动作2 重心右移，右腿屈膝下蹲（膝尖对着脚尖）。坐稳右腿，松左腿，左脚成虚步。同时右臂由下向上环至胸腹之前，右手掌心侧朝下；左臂由下往里环至腹前，并逐渐向里旋，使左手掌心侧朝上。右臂在上，左臂在下，两臂成合状。面向西南。（图 4-6）

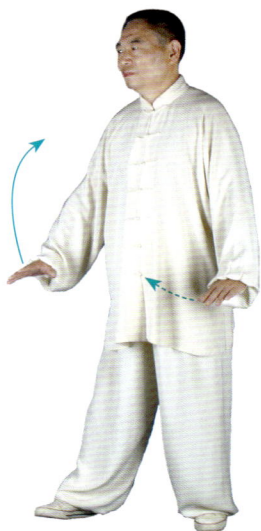

呼吸法 两臂相环（左臂在下，右臂在上），为吸（图 4-5、图4-6）。

图4-5　　　　　　　　　　　图4-6

动作 3　坐实右腿，向前迈出左腿（正南方向）。脚跟轻着地，脚掌虚悬。（图 4-7）

动作 4　踩平左脚的同时，乘势蹬右腿，弓左腿，成左弓步。以腰带上体由南转向正西方向，与此同时，左臂由下往上掤起，略与肩平，左掌心朝右，指尖略高于肘；右臂由上往下采至右胯前（掌胯之间的距离约 3 平拳），右手掌心侧朝下。面向正西，两眼平视。（图 4-8）

呼吸法　迈左腿，成左弓步，左臂上掤，右臂下采时，为呼之再呼（长呼）（图 4-7、图 4-8）。

图 4-7

图 4-8

右掤

动作 5　重心移向右腿，松左腿，左脚成虚步，脚掌虚悬。（图 4-9）

图 4-9

动作6　身向右转，左脚乘势向里扣45°，脚趾向西南。（图4-10）

动作7　身向左转至西南方向，同时重心移向左腿，松右腿，右脚成虚步，脚跟离地。与此同时，右臂由右向左前环至腹前，右手掌心侧朝里；左臂向里合，左腕略与肩平，左手掌心侧朝下。左臂在上，右臂在下，成合状。（图4-11）

图4-10

图4-11

动作 8　坐实左腿，向前迈出右腿（正西方向）。脚跟轻着地，脚掌虚悬。（图4-12）

动作 9　踩平右脚的同时，乘势蹬左腿，弓右腿，成右弓步。右臂往上掤至胸前，右掌心朝里，指尖略高于肘。左手掌下採至右腕下方（中指尖距右小臂内关穴约 1 平拳距离），左手掌心侧朝外。面向正西，两眼平视。（图4-13）

图 4-12

图 4-13

捋

动作 10 腰带上体往右转至西北方向，同时两臂旋翻。右臂向外旋，右手掌心侧朝外，指尖略高于肘。左臂向里旋，左手掌心侧朝里，两掌心侧相对。面向西北。（图4-14）

动作 11 上体随腰左转，同时逐渐将重心移至左腿，放松右腿。两臂随转体捋至西南方向。面向西南，两眼平视。（图4-15）

图4-14

呼吸法 两臂相环（右臂在下，左臂在上）时，为吸。迈右腿，成右弓步，右臂掤出时，为呼。捋时，为吸（图4-14、图4-15）。

图4-15

挤

动作 12 上体随腰右转至正西方向的同时，右臂向内旋，成掤状，右手掌心侧朝里。左臂向外旋，左手掌心侧朝外，然后左手掌搭在右小臂上（左手掌劳宫穴搭在右小臂内关穴上）。（图 4-16）

动作 13 在转体搭臂的同时，蹬左腿，弓右腿，成右弓步。两掌乘势向前挤出。面向正西，两眼平视。（图 4-17）

图 4-16

呼吸法 挤时，为呼
（图 4-16、图 4-17）。

图 4-17

按

动作14 用左手掌心劳宫穴往前抹向右手的列缺、合谷、商阳穴，然后两手掌左右分开，与肩同宽，掌心均朝下。（图 4-18）

动作15 重心后移，坐实左腿。与此同时，两肘下沉，两掌收至胸前，坐腕立掌，两手掌心侧朝前。（图 4-19）

要点一 本式中掤、捋、挤、按的动作，加强了两臂旋转缠绕。这样就可提高对肺经、大肠经、心经、小肠经、心包经和三焦经的刺激强度，起到清热宣肺、调理肠胃、理气化滞、养心宁神的作用。两脚始终踩实涌泉穴，起到了强壮肾经的目的。

要点二 做挤、按动作时，左掌心劳宫穴对准右小臂内关穴，挤向外关穴，然后右腕略向内旋，左掌心向前擦摩列缺穴、合谷穴、商阳穴。长期这样擦摩，有利康复心脏病和颈椎病、头面病症。《针灸总歌》中有"心胸取内关""头项寻列缺""面口合谷收"等语。

要点三 揽雀尾左右掤是太极拳里最重要的招式，不仅表达了八法手法：掤、捋、挤、按、采、挒、肘、靠，而且动作的缓慢速度使呼吸控制在每分钟 9 至 12 次。而现在人们由于生活节奏快，每分钟的呼吸速度是 20 至 22 次。适当的缓慢呼吸有利于长寿。

> **呼吸法** 两掌领至胸前时，为吸（图 4-18、图 4-19）。

图 4-18

图 4-19

动作16　蹬左腿，弓右腿，成右弓步。两掌乘势向正前方按出，意在两掌心劳宫穴。面向正西，两眼平视。（图4-20）

图4-20

第3式　单鞭

动作1　放平两手掌，掌心朝下。同时重心逐渐后移，坐实左腿。（图4-21）

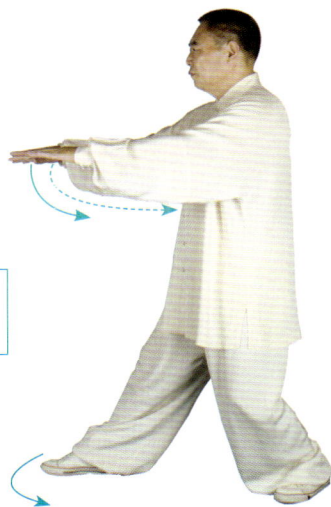

图4-21

动作2　左臂微向里屈，左肘微撑，左手掌里扣，掌心朝下成採状。重心仍在左腿，松右腿，右脚掌虚悬。（图4-22）

动作3　上体随腰左转，右脚乘势里扣135°，脚趾向东南。同时两臂由右往左平环，左臂在前领，右臂随之。身体转至225°时（东北方向），两臂置于左侧前（东北方向）。与此同时，重心逐渐移向右腿坐实，乘势碾顺左脚（即与右脚趾同一方向）成虚步，脚跟虚悬。（图4-23）

要点一　单鞭时要求右脚碾脚跟里扣135°，这是锻炼脚踝劲力的一种方式，也是检测脚踝关节、大转子关节、骶关节、腰关节是否协调。

要点二　39式杨氏养生太极拳整套动作演练过程中重点是碾脚跟，其医理是从足跟中部开始走足内侧到达眼部叫"阴跷脉"，其功能是专管闭眼；从足跟中部开始走足外侧到达眼部叫"阳跷脉"，其功能是专管开眼。碾脚跟是锻炼阴、阳跷脉，使其功能正常，可有效地解决失眠症。

图4-22

呼吸法　双臂向左侧划弧，至东北方向时，为呼（图4-22、图4-23）。

图4-23

动作 4　上体由左向右后回转，右臂在前领，左臂在后随，两臂回旋 180° 至右侧后（西南方向）。扣腕坐掌，左手掌心朝下，右手掌心侧朝外。（图 4-24）

动作 5　右手扣腕撮指成勾手；左臂翻向里成掤状，手掌心朝内。面向西南，眼看勾手。（图 4-25）

4

图 4-24

呼吸法　双臂向右侧划弧，至西南方向时，为吸（图 4-24）。勾手翻掌，为呼（图 4-25）。

5

图 4-25

动作6 提左腿向正东方向迈出。当左脚跟着地后，逐渐转体，由右侧转向正东方向。左臂坐掌由里往外掤。（图4-26）

动作7 左臂坐掌向前掤推出的同时，勾手略向后撑。同时踩平左脚，乘势蹬右腿，弓左腿，成左弓步。身偏东南，面向正东，两眼平视。（图4-27）

要点一 单鞭是39式杨氏养生太极拳套路里面转腰幅度最大的动作（转腰225°），也是锻炼带脉的好方法。当腰部由右往左转换的时候，左边的腰肾下沉，右边的腰肾松浮；当腰部由左往右转换时，右边的腰肾下沉，左边的腰肾松浮。这样的升降运动对腰肾起了极好的按摩作用，可锻炼胃经、膀胱经、肾经、带脉、冲脉、督脉、任脉，再加上扣腕坐掌的动作（腕部是百脉之气汇聚之渊，与全身经脉相通），可刺激体内所有的经络，使五脏六腑、四肢百骸的功能更加协调。

要点二 此外身体的左右旋转，可刺激胸部（胸部有任脉、胃经、脾经、肾经、肺经、

图4-26

> **呼吸法** 左腿迈出，脚跟点地时，为吸（图4-26）。左掌外旋推向正东，勾手略向后撑时，为呼（图4-27）。

6

图4-27

7

心包经、肝经、胆经循行）和腹部（除肺经、心包经以外，有脾经、胃经、肝经、胆经、肾经和任脉循行）的经络。对防治胸肺疾病、心系疾病、肝胆疾病、脾胃疾病、肾系疾病和妇科病有一定的效果。

要点三　单鞭是拳中最舒展的动作之一，由于舒展，对理顺肝气十分有效，肝气条达是康疗忧郁症的有效方法；此招式也是检测骨架是否处处工整的方法，俗话说："骨架工整，气血自流"。

第 4 式　提手上势

动作 1　重心略向后移，使左脚掌微离地面。（图 4-28）

动作 2　身体随腰右转，左脚乘势里扣 45°，脚趾向东南。（图 4-29）

图 4-28

呼吸法　松肩坠肘，含胸拔背，双掌有合击之意时，为吸（图 4-28~图 4-29）。

图 4-29

动作3 重心移回左腿，松右腿，右脚跟微离地面，成右虚步。同时松开勾手，变成掌。然后两臂均向里旋翻，使两手掌心侧相对，两掌坐起。(图4-30)

动作4 当左腿坐实以后，身体逐渐左移。提起右腿，前伸一步（正南方向），脚跟着地，脚掌虚悬。两臂均向里合的同时，右臂坐掌前伸，手掌心朝右；左手掌合至右肘内侧下方（掌肘之间的距离约1平拳），手掌心侧朝下。面向正南，两眼平视。(图4-31)

要点一 本式的坐腕立掌和跷脚、提踵，有利于锻炼心经、胃经、脾经、肾经、膀胱经、胆经、肝经，能防治胃脘痛、腹胀、脾胃虚弱、月经不调、小便不通、黄疸、阳痿、早泄、身重无力、头项和腰背、下肢的疾病等。

要点二 本式中左下肢承受上身全部重量，使腹部静脉压力增大，促进右心房血液充盈，营养了心肌。

3

图4-30

呼吸法 定势时，为呼（图4-31）。

4

图4-31

第 5 式　白鹤晾翅

动作 1　两臂同时旋翻，右臂向内旋，手掌心朝下；左臂向外旋，手掌心朝上。
　　　　　左手仍在右小臂下方，成捋状。（图 4-32）

动作 2　上体随腰左转的同时，两臂走下弧。左臂领，右臂随。左臂由下向上往
　　　　　右环，置于右臂上方，掌心侧朝下。右臂由上往下往左环，掌心侧朝上。
　　　　　与此同时，坐实左腿，右脚扣步 45°，脚趾向东南。（图 4-33）

动作 3　重心右移，坐实右腿，松左腿，左脚成虚步，脚跟离地。与此同时，两
　　　　　臂环至胸腹之间，成合状。面向正东。（图 4-34）

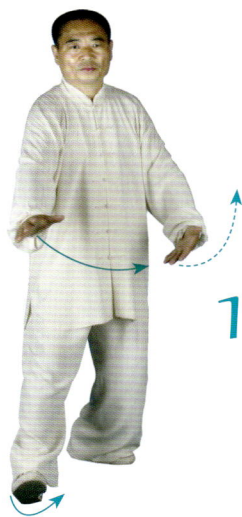

图 4-32

呼吸法　两掌下捋环
弧时，为吸（图 4-32~
图 4-34）。

图 4-33

图 4-34

动作4 重心右移坐实，顺势提起左腿前伸半步（正东方向），脚掌轻着地，成左虚步。与此同时，右臂由里向外、由下往上翻掤至头部前上方，手掌心朝前，指尖朝左；左掌下按至左胯旁，手掌心朝下，指尖朝前。面向正东，两眼平视。（图 4-35）

要点一 本式中两臂的上掤下採、拔腰长身的动作，锻炼三焦经，调达气息，起到清肝润肺、开胃健脾、宁心安神的作用。脚跟、脚掌的活动可锻炼胃经、脾经和肝经，起到和胃健脾、增补元气的作用，有防治腰酸肾虚之效。

要点二 自古以来民间就有"手臂上举理三焦"的说法。三焦是体内营养热气散布之通道也。

呼吸法 右臂上掤，左臂下按时，为呼（图 4-35）。

图 4-35

第6式　左搂膝拗步

动作1　上体随腰右转，右臂向下向内旋翻，掌心朝上，右腕略与肩平。左掌微坐起，置于左胯前，掌心侧朝下，指尖朝前。（图4-36）

动作2　向右继续转体的同时，右臂由上往下向右侧后环正、立弧，屈臂坐掌，右腕略与肩平，掌心侧朝外。左臂同时往上、里环至右胸前，左掌微向里扣，掌心侧朝下。（图4-37）

呼吸法　右臂环下弧至屈臂坐掌，左臂平环置于右胸前时，为吸（图4-36、图4-37）。

图4-36

图4-37

动作3　提起左腿，向正前方迈出（正东方向），脚跟轻着地，脚掌虚悬。（图4-38）

动作4　踩平左脚的同时，右臂屈臂坐掌置于右耳外侧，掌心侧朝外。左掌向前搂至左膝前上方，掌心朝下。（图4-39）

动作5　蹬右腿，弓左腿，成左弓步。与此同时，左掌经膝前搂至左膝旁，掌心朝下，指尖朝前；右掌向正前方推出，掌心侧朝前。面向正东，两眼平视。（图4-40）

要点一　本式的动作意在劳宫穴和涌泉穴，锻炼肺经、心经、心包经和肾经。有利于防治呼吸系统、精神神经系统、心血管系统、生殖泌尿系统的疾病及慢性腰痛。

要点二　意在劳宫穴，可除口臭，消除心中怒气。涌泉穴是肾气像泉水一样涌出，加强了肾气的周流活力。

呼吸法　出左脚成左弓步，同时搂膝推掌，为呼（图4-38~图4-40）。

图4-38

图4-39

图4-40

第7式　手挥琵琶

动作1　重心前移，顺势提起右腿，向前跟半步，脚掌着地。（图4-41）

动作2　重心后移，坐实右腿。左脚乘势前伸半步，脚掌虚悬，成左虚步。同时，左掌往前往上挑，左腕略与肩平，掌心侧朝右；右臂沉肘，右掌由前向后收至左肘内侧（掌肘之间的距离约1平拳），掌心侧朝下。面向正东，两眼平视。（图4-42）

要点　本式动作中，着重强调意守神门穴和合谷穴，可畅通肺经、大肠经、小肠经、心经，提高心肺功能，增加肺通气量，改善血液循环。有利于防治呼吸系统和心血管系统疾病以及耳聋、耳鸣、项背酸痛、肩胛痛等。

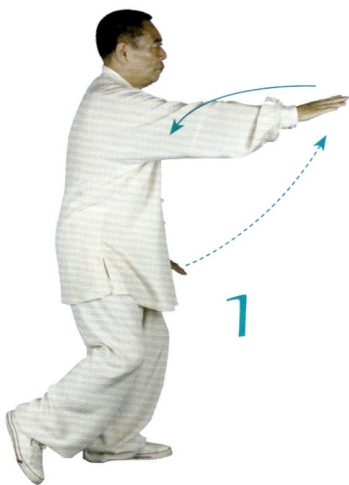

图4-41

呼吸法　右脚向前跟半步时，为吸（图4-41）。坐实右脚，左脚前迈，脚跟点地时，为呼（图4-42）。

图4-42

第 8 式　倒撵猴

右倒撵猴

动作 1　坐实右腿。与此同时，坐左掌，掌心侧朝右；右掌走下弧置于右胯前（掌胯之间的距离约 1 平拳），掌心朝上，指尖略朝左。（图 4-43）

动作 2　右臂向右侧后环正立弧，屈臂坐掌，右腕略与肩平。左掌向外旋，掌心侧朝上，左腕略与肩平。与此同时，继续坐实右腿，左脚掌虚悬起。（图 4-44）

动作 3　提起左腿，以外"八"字形向左后撤步，脚掌轻着地。（图 4-45）

图 4-43

图 4-44

图 4-45

> **呼吸法**　左脚后撤时，为吸（图 4-43~图 4-45）。

动作 4　身向左转，重心后移，坐实左腿，顺势将右脚里扣至正东方向。与此同时，右臂坐掌，随转腰向前击出，掌心侧朝前；左掌顺势收至左胯前（掌胯之间的距离约 1 平拳），掌心朝上，指尖略朝右。身偏东北，面向正东，两眼平视。（图 4-46）

呼吸法　右掌前推，左掌后抽时，为呼（图 4-46）。

图 4-46

左倒撵猴

动作 5　左臂向左侧环正立弧，屈臂坐掌，左腕略与肩平。右掌向外旋，掌心侧朝上，右腕略与肩平。与此同时，继续坐实左腿，右脚掌虚悬起。（图 4-47）

动作 6　提起右腿，以外"八"字形向右后撤步，脚掌轻着地。（图 4-48）

呼吸法　右脚后撤时，为吸（图4-47、图4-48）。

图4-47

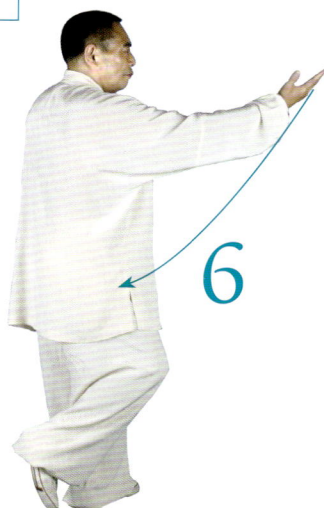

图4-48

动作7　身向右转，重心后移，坐实右腿，顺势将左脚里扣至正东方向。与此同时，左臂坐掌，随转腰向前击出，掌心侧朝前；右掌顺势收至右胯前（掌胯之间的距离约1平拳），掌心朝上，指尖略朝左。身偏东南，面向正东，两眼平视。（图4-49）

呼吸法　左掌前推，右掌后抽时，为呼（图4-49）。

图4-49

右倒撵猴

动作 8　右臂向右侧后环正立弧，屈臂坐掌，右腕略与肩平。左掌向外旋，掌心侧朝上，左腕略与肩平。与此同时，继续坐实右腿，左脚掌虚悬起。（图 4-50）

动作 9　提起左腿，以外"八"字形向左后撤步，脚掌轻着地。（图 4-51）

呼吸法　左脚后撤时，为吸（图 4-50、图 4-51）。

图 4-50

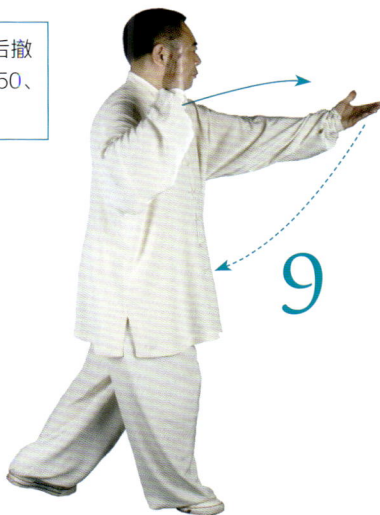

图 4-51

动作 10　身向左转，重心后移，坐实左腿，顺势将右脚里扣至正东方向。与此同时，右臂坐掌，随转腰向前击出，掌心侧朝前；左掌顺势收至左胯前（掌胯之间的距离约 1 平拳），掌心朝上，指尖略朝右。身偏东北，面向正东，两眼平视。（图 4-52）

呼吸法　右掌前推，左掌后抽时，为呼（图 4-52）。

图 4-52

要点一　本式中撤步的一侧腰骶部会有松浮的感觉；实脚一侧的腰骶部会有松沉的感觉。这种浮沉运动，对腰骶部起了按摩作用。这种按摩可强壮肾经、带脉、冲脉、督脉、任脉，促使全身经络更好地发挥其"行气血、营阴阳"的作用，有助于防治妇科疾病。

要点二　倒撵猴不是简单的撤步倒退活动，它能检测心神、脑神是否安定不乱，并对虚实做出正确的判断和控制。当一脚撤到身后时，应该是脚尖点地试探，然后是脚掌着地，如没有承重危险，脚跟着地重心才后移。

第9式　斜飞势

动作1　左臂往右上环至右胸前，掌心侧朝下。右臂往左下环至小腹前，掌心侧朝上。两臂成合状。（图4-53）

动作2　坐实左腿，缓缓提起右腿。（图4-54）

呼吸法　两臂环弧时（左臂在上，右臂在下），为吸（图4-53、图4-54）。

图4-53

图4-54

动作3　右腿向右侧后撤步（西南方向），脚跟着地后，脚掌乘势外撇，脚趾向西南。面向东南。（图 4-55）

动作4　上体由左转向右侧后（西南方向），同时逐渐移动重心，成右弓步，左脚乘势里扣，脚趾向正南。与此同时，两臂上下斜拉开，右臂由下往上斜掤，掌心朝上，指尖略与鼻尖高；左臂扣腕成采状，左掌置于左胯前（掌胯之间的距离约 3 平拳），掌心侧朝下。面向西南，眼看右掌前方。（图 4-56）

要点一　本式的右臂上展、左臂下采，形成拔腰长身、左右斜拉之势，有利于开胸理气，排除肺内浊气，吸入较多的新鲜空气。这样可更好地锻炼肺经，疏通气血，调节情志。由于两脚意念均在十足趾端，还可刺激和加强足三阴、足三阳经的锻炼。

要点二　此式名称虽叫斜飞势，但其招式中，重心中正，不偏不倚，并要求目注中指指端"中冲穴"。中冲穴是气血旺盛的地方，具有通心络、消怨气、开神窍之功。

图 4-55

呼吸法　两臂上下斜拉开时，为呼（图 4-55、图 4-56）。

图 4-56

第10式 肘底捶

动作 1 重心逐渐移向左腿，松右腿，右脚乘势里扣90°，脚趾向东南。重心移回右腿，左脚跟虚悬。两臂相环，成合状，左臂在下，右臂在上。面向东南。（图4-57）

动作 2 左脚向东北方向迈出，脚跟着地。与此同时，两臂上下斜拉开，左臂由下往上斜掤，掌心侧朝上，指尖略与鼻尖高；右臂下采置于右胯旁（掌胯之间的距离约3平拳），掌心侧朝下。面向东北。（图4-58）

图4-57

> **呼吸法** 两臂环弧成合状时（左臂在下，右臂在上），为吸（图4-57）。两臂斜拉开时，为呼（图4-58）。

图4-58

动作 3　重心前移，踩平左脚。右脚乘势跟半步，脚掌着地，成虚步。身向左转，两臂向左右两侧展。右臂上环至右侧前，掌心侧朝下，指尖略与鼻尖高。左臂下环，左掌置于左胯旁（掌胯之间的距离约 3 平拳），掌心侧朝下。面向东北。（图 4-59）

动作 4　重心后移，坐实右腿。左脚前伸一步（正东方向），脚跟着地，成左虚步。与此同时，左臂坐腕立掌上挑至左腿前上方（膝肘相对），左腕略与肩平，掌心侧朝前；右手逐渐握拳向里扣，拳眼朝上，拳心朝里，置于左肘旁（拳肘之间的距离约 1 平拳）。面向正东，两眼平视。（图 4-60）

要点一　本式左掌坐腕时，意守神门穴；右拳内扣时，聚百脉之气，激活了全身经气。右脚踩涌泉穴，左脚跟轻点地，可锻炼心经、肾经、肝经和脾经，具有调补心肾之气、通利三焦、疏肝理气、活血化瘀、强壮腰膝的功效。

要点二　左掌坐腕，意在神门穴，"神"藏于心，主神明，是心气出入的门户，故名神门。每天注意神门穴，是防治失眠、健忘、心绞痛的良法。

呼吸法　右脚跟半步，两臂左右展开，为吸（图 4-59）。坐实右腿，左脚前伸，脚跟点地，扣右拳时，为呼（图 4-60）。

图 4-59

图 4-60

第11式 海底针

动作1 右拳松开变成掌。上体右转的同时，右臂向右侧后环正立弧，屈臂坐掌，右腕略与肩平，掌心侧朝外。与此同时，左臂向里平环至右胸前，左掌微向里扣，掌心侧朝下。（图4-61）

> **呼吸法** 右臂环下弧至屈臂坐掌，左臂平环置于右胸前时，为吸（图4-61）。

图4-61

动作2 提起左腿，向前迈出（正东方向），脚跟轻着地，脚掌虚悬。（图4-62）
动作3 踩平左脚的同时，左掌由上向下往前搂至左膝上方，掌心朝下；右臂屈肘坐掌置于右耳外侧，掌心侧朝外。（图4-63）
动作4 重心前移，同时左掌经膝前收至左膝旁，掌心朝下，指尖朝前。右掌向前边推边垂掌，右脚同时跟半步，脚掌着地，脚跟虚悬。面向正东，两眼平视。（图4-64）

图 4-62

图 4-63

呼吸法 出左脚成左弓步，并且右掌搂膝向前边推边垂掌，右脚乘势跟半步时，为呼（图 4-62~图 4-64）。

图 4-64

动作5　重心后移，坐实右腿，左脚掌乘势虚悬。与此同时，右肘向后沉至右侧大包穴旁，虎口朝前，掌心朝左；左臂相应地向上掤起，略与肩平，置于左腿前上方，掌心朝下。（图4-65）

动作6　坐实右腿，左脚前伸半步，同时右挪半脚掌，脚掌着地，成左虚步。与此同时，右臂向前扣腕下插，掌心朝左，指尖朝下，顺势折腰沉胯埋臀；左掌相应地下採置于左胯旁（掌胯之间约1平拳距离），掌心朝下，指尖朝前。头向正东，眼看右掌前方。（图4-66）

要点一　本式的折腰沉胯埋臀的动作，使脊柱神经得到了很好的锻炼，背部肌肉得到舒展。背部脊柱两旁是膀胱经的通行部位，刺激膀胱经能使全身血液循环加快，使处于背部皮下大量处于"休眠"状态的免疫细胞激活，从而提高机体免疫力和抗病治病能力，能防治腰痛、下肢痿软、腰背腿痛、腰骶痛、肝胆病和目疾。

要点二　海底针式的弧形弯腰拉伸了整条脊柱的筋膜、肌肉、椎体、间盘之间的空间，促动了脊柱的32对神经，使大脑分泌腓肽素（俗称愉快素），使全身感觉舒服，这种舒服感觉可持续20小时，只要每天感到浑身舒服，就是健康的征象。而整个腰背拉伸加快五脏六腑的新陈代谢活力，保持了五脏六腑的健康。

图4-65

> **呼吸法**　坐实右脚，左脚掌虚悬，两臂前后拉开时，为吸（图4-65）。坐实右腿，渐渐落胯弯腰下插右掌时，为呼之再呼（长呼）（图4-66）。

图4-66

第 12 式　扇通臂

动作 1　缓缓起身，上体略向右转。与此同时，右臂逐渐往上往外旋翻，左掌也同时往上往右搭向右小臂（即左掌劳宫穴搭在右臂外关穴上），两掌掌心均朝外。右臂略与肩平。（图 4-67）

动作 2　提左腿向前迈出（正东方向），脚跟着地，随后踩平左脚蹬右腿，弓左腿，成左弓步。与此同时，两臂像扇形前后拉开，右掌拉至右额角上方（距太阳穴约 1 平拳距离），掌心朝外；左臂坐掌向正前方击出，掌心侧朝前。身偏东南，面向正东，两眼平视。（图 4-68）

要点　本式两臂的前后展开动作起到舒胸扩肺的作用，锻炼心经、心包经、肺经，增加心肺通气量，改善血液循环。从而起到防治神经系统、心血管系统和呼吸系统病症的作用，如失眠、抑郁症、心动过速或过缓、心律不齐、心绞痛和哮喘、咽喉部炎症等。两脚踩实涌泉穴，增强肾经的脉气。

呼吸法　起身，两臂相搭时，为吸（图 4-67）。左脚前迈，成左弓步，双臂像扇形前后拉开时，为呼（图 4-68）。

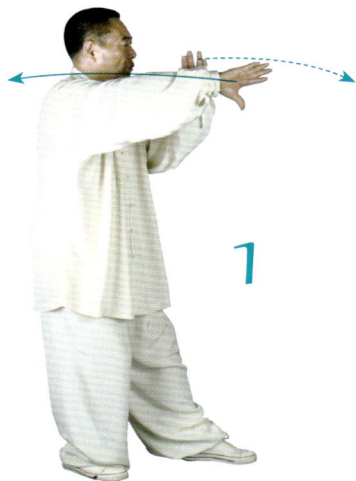

图 4-67

图 4-68

第13式　转身撇身捶

动作1　重心后移，上体右转，松左腿，左脚乘势里扣135°，脚趾向西南。与此同时，左臂上环至左额前上方，左掌里扣，掌缘朝上，掌心侧朝外，指尖朝右；右掌下按至左腹前（掌腹之间1平拳距离），掌心朝下，指尖朝右。然后重心移向左腿，右脚脚跟离地，成虚步。（图4-69）

> **呼吸法**　身向右转，左臂上环、右臂下环时，为吸（图4-69）。

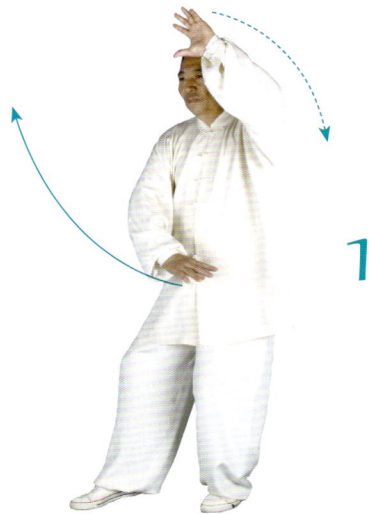

图4-69

动作2　右掌逐渐提成拳，随即提起右腿向前迈出（正西方向），脚跟着地，脚掌虚悬。与此同时，左臂屈臂坐掌，左腕略与肩平，掌心侧朝前；右拳拳背向前横击出，拳心朝里，拳背朝前。面向正西，两眼平视。（图4-70）

动作3　重心前移，乘势踩平右脚，蹬左腿，弓右腿，成右弓步。与此同时，右臂环下孤，右拳沉收至右胯旁（拳胯之间的距离约1平拳），拳心朝上，左掌同时向前击出，掌心朝前。面向正西，两眼平视。（图4-71）

要点一　转身撇身捶通过单臂上举调理三焦，通过两臂对称横开，又能开阔胸肌，理心气、肺气，舒展肝气，使人精神一振。

要点二　本式一紧一松的转身动作，锻炼了带脉、膀胱经、肝经和胆经。握拳时，中指端扣压劳宫穴，刺激疏通心包经和三焦经，达到防治所属这些经脉的脏腑病证的效果。

要点三 此式的弓步要注意两肩膀没有前后差距，如有肩膀差距，说明你的脊柱扭曲，久之，会形成脊柱侧弯。

呼吸法 提右腿，撇出右拳，随即右拳沉收至右胯旁，左掌向前击出时，为呼（图4-70、图4-71）。

图4-70

图4-71

第14式 云单鞭

动作1 右拳内旋，上环至右胸前，逐渐松开变成掌。左掌外旋，掌心翻朝上。（图4-72）

动作2 两掌环弧相抹，右掌在前掤推出，掌心朝外。左掌掤至右胸前，掌心朝里，成捋状。（图4-73）

图 4-72

呼吸法　右拳左掌相环时，为吸（图4-72）。右拳变掌，两掌前抹时，为呼（图4-73）。

图 4-73

动作3　重心逐渐移向左腿，右脚乘势里扣135°，脚趾向东南。两臂环弧至左后方（正东方向）。左掌掤推出，掌心侧朝东。右掌掤至左胸前，掌心朝里。（图4-74）

动作4　重心逐渐移向右腿，乘势碾顺左脚（即与右脚趾同一方向）成虚步，脚跟虚悬。两臂环弧至右后方（西南方向）。左掌掤至右胸前，掌心朝里。右手屈腕撮指成勾手。面向西南，眼看勾手。（图4-75）

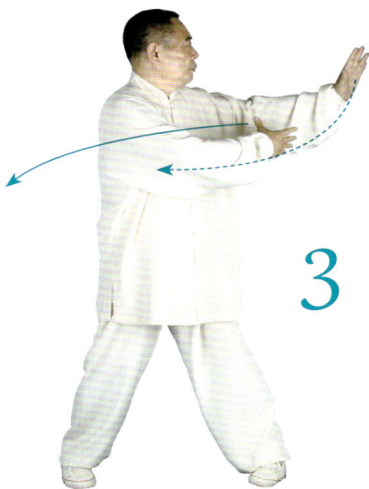

图 4-74

呼吸法　两臂向左后云动至正东方向时，
为吸（图4-74）。两臂向右后云动至西南
方向勾手翻掌时，为呼（图4-75）。

图 4-75

动作5　坐稳右腿，提左腿。左脚向正东方向迈出，脚跟着地，脚掌虚悬。（图
　　　　 4-76）

动作6　上体左转的同时左臂坐掌往前掤推出，勾手略向后撑。与此同时，踩平
　　　　 左脚，乘势蹬右腿，弓左腿，成左弓步。身偏东南，面向正东，两眼平
　　　　 视。（图4-77）

要点一　本式是云手和单鞭的合并拳式，云手的左右转腰和两臂椭圆环弧，使颈肌、胸
　　　　 肌、腹肌和背肌得到大幅度运动，从而使全身各条经络，尤其是任、督二脉得
　　　　 到较强的刺激，激发五脏六腑以及四肢百骸气血的畅通无阻和功能的改善，达
　　　　 到防治所属这些经脉的脏腑病证的效果，如脊柱强痛、神志病、泌尿生殖系统
　　　　 疾病、内脏诸病；腹胀、腹痛、腹泻、胸胁胀满、咳嗽气喘、咽喉肿痛等。

要点二　此式左右运动和收脚、开脚时要注意，脊柱始终垂直"种"在水平的骨盆之中，
　　　　 不可使脊柱左右歪倒，否则会影响到骨盆肌肉新陈代谢和盆腔中的气血充盈，
　　　　 尤其对女性生殖系统产生不利影响。

图 4-76

5

呼吸法 左腿迈出，脚跟点地时，为吸（图 4-76）。左掌外旋推向正东，勾子略后撑时，为呼（图 4-77）。

6

图 4-77

第二段

15. 玉女穿梭　　　21. 左右打虎势　　　27. 转身白蛇吐信

16. 揽雀尾　　　　22. 回身右蹬脚　　　28. 进步栽捶

17. 单鞭　　　　　23. 双峰贯耳　　　　29. 上步揽雀尾

18. 高探马　　　　24. 左蹬脚　　　　　30. 云单鞭

19. 右左分脚　　　25. 金鸡独立

20. 转身右蹬脚　　26. 高探马穿掌

第15式　玉女穿梭

玉女穿梭（一）

动作1　重心右移，身向右转，松左腿，左脚乘势里扣135°，趾向西南。左臂由左平环至右胸前，掌心侧向里。（图4-78）

动作2　重心左移，坐实左腿。右脚摆步45°（正西方向），脚跟着地，脚掌虚悬。与此同时，右臂松勾手外旋，掌心朝上；左臂向里旋，掌心侧朝上，置于胸腹前方。（图4-79）

> **呼吸法**　身向右转，左掌收至右胸前时，为吸（图4-78）。右脚向西南方向摆出，两臂相合（左臂在下，右臂在上），为呼（图4-79）。

图4-78

图4-79

动作3　踩平右脚，随即将重心移向右腿，坐实右腿。同时左脚脚跟离地，成虚步。两臂成合状，右臂在左臂上方，两掌心均侧向内。面向西南。（图4-80）

动作4　提左腿向前方迈出（西南方向），脚跟着地，脚掌虚悬。左臂由下往上，右臂由前向后，同时斜拉开，两掌掌心均侧朝上。（图4-81）

> **呼吸法**　向西南方向迈出左脚，脚跟点地，左臂向前掤出，右臂屈收至胸前，为吸（图4-80、图4-81）。

图 4-80

图 4-81

动作 5　踩平左脚，乘势蹬右腿，弓左腿，成左弓步。左臂向外旋翻，左掌逐渐翻掤至左额角上方，掌心侧朝外，指尖朝右。右臂坐掌向前击出，掌心朝前。面向西南，眼看前方。（图 4-82）

> **呼吸法**　左臂上掤，右臂向前按击时，为呼之再呼（长呼）（图 4-82）。

图 4-82

玉女穿梭（二）

动作 6　重心后移，坐实右腿。松左腿，左脚成虚步，脚掌虚悬。两臂顺势由上往下将平，两掌心均朝下，右掌低于左臂，形如将状。（图 4-83）

> **呼吸法**　将平两臂时，为吸（图 4-83）。

图 4-83

动作7 上体右转，左脚乘势里扣，脚趾向正北。（图4-84）

7

图4-84

动作8 重心移向左腿，坐实左腿，右脚脚跟离地，成虚步。右臂向右后平环，左臂随之。（图4-85）

动作9 坐稳左腿，身向右转，提右腿向右后方撤步，脚跟着地后随即外撇，脚趾向东南。左臂环至右侧，掌心侧朝上。右臂环至左臂下方，掌心侧朝内，成合状。面向东北。（图4-86）

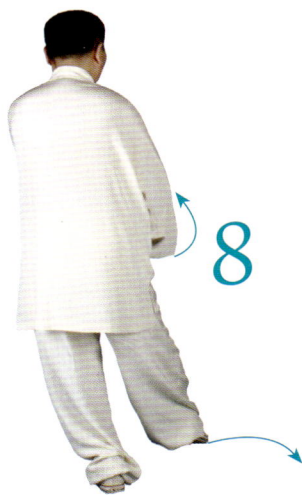

8

9

图4-85

图4-86

动作 10　上体右转，踩平右脚，乘势蹬左腿，弓右腿，成右弓步。左脚随势再次扣脚，脚趾向正东。与此同时，右臂向外旋翻，右掌逐渐翻掤至右额角上方，掌心侧朝外，指尖朝左；左臂坐掌向前击出，掌心侧朝前。面向东南，眼看前方。（图 4-87）

> **呼吸法**　右臂上掤，左臂向前按击时，为呼之再呼（长呼）（图 4-87）。

图 4-87

玉女穿梭（三）

动作 11　重心后移，坐实左腿。松右腿，右脚成虚步，脚掌虚悬。两臂顺势由上往下捋平，两掌心均朝下，左掌低于右臂，形如捋状。（图 4-88）

> **呼吸法**　捋平两臂时，为吸（图 4-88）。

图 4-88

动作 12　身向左转，右脚扣步 45°，脚趾向正东。然后重心逐渐移向右腿坐实，左脚成虚步，脚跟离地。与此同时，右臂往左环，掌心翻朝上；左臂往右环，掌心翻成侧朝内，左臂置于右臂下方，两臂成合状。面向东北。（图 4-89）

动作 13　左腿向前迈出（东北方向），脚跟轻着地，脚掌虚悬。左臂由下而上，右臂由前向后，同时斜拉开，两掌掌心均朝上。（图 4-90）

动作 14　踩平左脚，乘势蹬右腿，弓左腿，成左弓步。左臂向外旋翻，左掌逐渐翻掤至左额角上方，掌心侧朝外，指尖朝右。右臂坐掌向前击出，掌心侧朝前。面向东北，眼看前方。（图 4-91）

> **呼吸法**　身向左转至东北方向时，两臂相环（左臂在下，右臂在上），为呼（图 4-89）。向东北方向迈出左脚，脚跟点地，左臂向前掤出，右臂屈收至胸前，为吸（图 4-90）。左臂上掤，右臂向前按击时，为呼之再呼（长呼）（图 4-91）。

12

图 4-89

13

图 4-90

14

图 4-91

玉女穿梭（四）

动作 15 重心后移，坐实右腿。松左腿，左脚成虚步，脚掌虚悬。两臂顺势由上往下捋平，两掌心均朝下，右掌低于左臂，形如捋状。（图 4-92）

动作 16 上体右转，左脚乘势里扣，脚趾向正南。然后踩平左脚，坐实左腿，右脚成虚步，脚跟离地。右臂向右后平环，左臂随之。（图 4-93）

动作 17 坐稳左腿，身向右转，提右腿向右后撤步，脚跟着地后随即外撇，脚趾向西北。左臂同时环向右侧，掌心侧朝上。右臂环至左臂下方，掌心侧朝内，成合状。面向西南。（图 4-94）

图 4-92

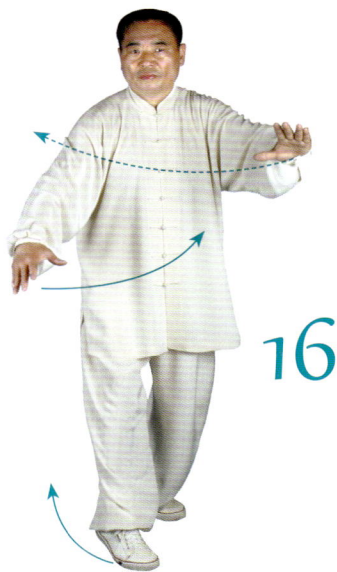

图 4-93

图 4-94

> **呼吸法** 捋平两臂时，为吸（图 4-92）。身向右转至正南方向时，为呼（图 4-93）。两臂相环（左臂在上，右臂在下），右脚向西北方向撤步，脚跟着地，为吸（图 4-94）。

动作 18　上体右转，踩平右脚，乘势蹬左腿，弓右腿，成右弓步。左脚随势再次扣脚，脚趾向正西。同时右臂向外旋翻，右掌逐渐翻掤至右额角上方，掌心侧朝外，指尖朝左；左臂坐掌向前击出，掌心侧朝前。面向西北，眼看前方。（图 4-95）

要点一　本式通过两腿虚实变化、脚跟交替辗转、两臂八方缠绕、腰部的旋转运动，使人体头颈部、胸部、腹部、胯部、背部、腰部、臀部的肌肉和经络同时得到锻炼。全身肌肉收缩和舒张，其张力变化引起的热和代谢产物的化学刺激，使全身经络活跃起来，更好地发挥其"行气血，营阴阳"的作用，使五脏六腑、四肢百骸的功能更加协调，从而达到提高免疫力、抵抗疾病的效果。

要点二　这些运动同时激活了背部皮下大量"休眠"状态、功能很强的免疫细胞；由于胸部肌肉一松一紧的扭转运动，使前胸受到刺激，胸腺会分泌出大量的免疫活性肽物质。免疫活性肽物质在体内能时刻监视变异细胞（癌细胞），并能随时"枪毙"它们。

要点三　姿势不正造成的疾病占人类疾病的大多数。姿势造成的病患无药可治，无手术可施。例如脊柱侧弯，人体有运动肌 600 多块，都是纵横交错扭在一起，一旦造成姿势不良之症，要纠正如初，不是容易的事。而玉女穿梭四面八方的运动角度，最大限度地松解肌肉，使这些错综复杂的肌肉群得到有效的新陈代谢。所以，每天注重玉女穿梭的练习，是康复和防治颈椎、胸椎、腰椎、骶椎病的方法。

呼吸法　右臂上掤，左臂向前按击时，为呼之再呼（长呼）（图 4-95）。

18

图 4-95

第 16 式　揽雀尾

左掤

动作 1　重心后移，两臂同时由上而下捋平。左掌低于右臂，两掌掌心均朝下，形如捋状。（图 4-96）

图 4-96

动作 2　右脚里扣 90°，脚趾向西南。随后逐渐将重心移向右腿，松左腿，左脚成虚步，脚掌着地。同时右臂向里环至胸腹之前，右掌心侧朝下；左臂向里环至腹前，并逐渐向里旋使左掌心侧朝上。右臂在上，左臂在下，两臂成合状。面向西南。（图 4-97）

图 4-97

动作 3　坐实右腿，向前迈出左腿（正南方向），脚跟轻着地，脚掌虚悬。（图 4-98）

动作 4　踩平左脚的同时，乘势蹬右腿，弓左腿，成左弓步。以腰带上体由南转向正西方向，与此同时，左臂由下往上掤起，略与肩平，左掌心朝右，指尖略高于肘；右臂由上往下采至右胯前（掌胯之间的距离约 3 平拳），掌心朝下。面向正西，两眼平视。（图 4-99）

图 4-98

图 4-99

右掤

动作 5　重心移向右腿，松左腿，左脚成虚步，脚掌虚悬。（图 4-100）

动作 6　身向右转，左脚乘势里扣 45°，脚趾向西南。（图 4-101）

动作 7　身向左转至西南方向，同时重心移向左腿，松右腿，右脚成虚步，脚跟离地。与此同时，右掌由右向左前环至腹前，右掌心侧朝里；左臂向里合，左腕略与肩平，左掌心侧朝下。左臂在上，右臂在下，成合状。（图 4-102）

动作 8　坐实左腿，向前迈出右腿（正西方向），脚跟轻着地，脚掌虚悬。（图 4-103）

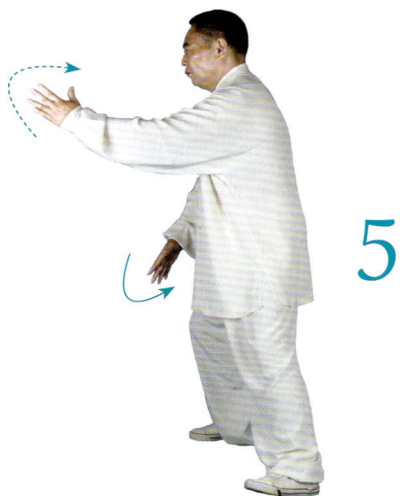

图 4-100

图 4-101

图 4-102

图 4-103

动作9 踩平右脚的同时，乘势蹬左腿，弓右腿，成右弓步。右臂往上掤至胸前，右掌心朝里，指尖略高于肘。左掌下採至右腕下方（中指尖距右小臂内关穴约1平拳距离），左掌心侧朝外。面向正西，两眼平视。（图4-104）

图 4-104

捋

动作10 以腰带上体往右转至西北方向，同时两臂旋翻。右臂向外旋，右掌心侧朝外，指尖略高于肘；左臂向里旋，左掌心侧朝里，两掌心侧相对。面向西北。（图4-105）

动作11 上体随腰左转，同时逐渐将重心移至左腿，放松右腿。两臂随转体捋至西南方向。面向西南。两眼平视。（图4-106）

图 4-105

图 4-106

挤

动作 12　上体随腰右转至正西方向的同时，右臂向内旋，成掤状，右掌心侧朝里；左臂向外旋，左掌心侧朝外，然后左掌搭在右小臂上（左掌劳宫穴搭在右小臂内关穴上）。（图 4-107）

动作 13　在转体搭臂的同时，蹬左腿，弓右腿，成右弓步。两掌乘势向前挤出。面向正西，两眼平视。（图 4-108）

图 4-107

图 4-108

按

动作 14　用左掌心劳宫穴往前抹向右手的列缺、合谷、商阳穴，然后两掌左右分开，与肩同宽，掌心均朝下。（图 4-109）

动作 15　重心后移，坐实左腿。与此同时，两肘下沉，两掌收至胸前，坐腕立掌，两掌心侧朝前。（图 4-110）

动作 16　蹬左腿，弓右腿，成右弓步。两掌乘势向正前方按出，意念集中在两掌心劳宫穴。面向正西，两眼平视。（图 4-111）

要点　参见第 2 式。

14

图 4-109

15

图 4-110

16

图 4-111

第17式　单鞭

动作1　　捋平两掌，掌心朝下。同时重心逐渐后移，坐实左腿。（图4-112）

动作2　　左臂微向里屈，左肘微撑，左掌里扣，掌心朝下成採状。重心仍在左腿，松右腿，右脚掌虚悬。（图4-113）

图4-112

图4-113

动作3　　上体随腰左转，右脚乘势里扣135°，脚趾向东南。同时两臂由右往左平环，左臂前领，右臂随之。身体转至225°时（东北方向），两臂直于左侧前（东北方向）。与此同时，重心逐渐移向右腿坐实，乘势碾顺左脚（即与右脚趾同一方向）成虚步，脚跟虚悬。（图4-114）

动作4　　上体由左向右后回转，右臂在前领，左臂在后随，两臂回旋180°至右侧后（西南方向）。扣腕坐掌，左掌心朝下，右掌心侧朝外。（图4-115）

动作5　　右手屈腕撮指成勾手。左臂翻向里，掌心朝里成掤状。面向西南，眼看勾手。（图4-116）

动作6　　上身不动，提左腿向正东方向迈出，当左脚跟着地后，逐渐转体，由右侧转向正前方。右臂勾手不动。左臂坐掌由里往外掤。（图4-117）

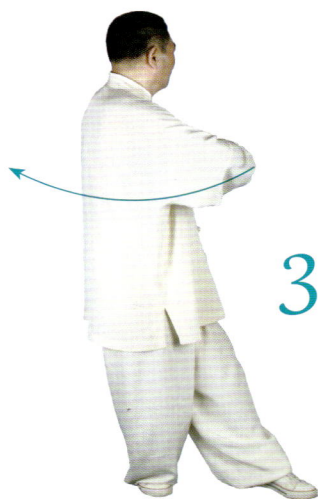

图 4-114

图 4-115

图 4-116

图 4-117

动作 7　左臂坐掌向正前方掤推出的同时，勾手略向后撑。同时踩平左脚，蹬右腿，弓左腿，成左弓步。身偏东南，面向正东，两眼平视。（图 4-118）

要点　参见第 3 式。

图 4-118

第 18 式　高探马

动作 1　上体稍向右转，重心逐渐移至右腿坐实，使左脚成虚步，脚掌虚悬。同时右勾手放展成掌，掌心朝下。左掌随臂向外旋翻，掌心侧朝上。（图 4-119）

动作 2　上体转向正东，右臂随势里屈至右胸前。（图 4-120）

呼吸法　屈右臂翻左掌，身体后坐时，为吸（图 4-119、图 4-120）。

图 4-119

图 4-120

动作3 右掌扣腕平坐掌，往前探击（力贯神门穴），掌缘朝前，掌心朝下。同时左掌沉至左腹前（掌腹之间的距离约1平拳），掌心侧朝上，指尖朝右。左脚也乘势提起，前伸半步，脚掌着地。面向正东，两眼平视。（图4-121）

要点 本式动作侧重于锻炼腹肌。腹肌的收缩和放松，可使腹腔各脏器的血液循环改善，激活任脉、肾经和肝经经气，有利于防治生殖泌尿系统病证以及慢性腰痛、咽喉痛、失眠、眩晕、耳鸣、视力减退等病证。

> **呼吸法** 收左脚，探击右掌时，为呼（图4-121）。

图 4-121

第19式 右左分脚

右分脚

动作1 坐实右腿，两臂随上体右转。面向东南。（图4-122）

动作2 提左腿向左侧迈出（东北方向），脚跟着地，脚掌虚悬。与此同时，左臂前伸直于左腿上方（左膝左肘相对），掌心朝上；右臂屈至右胸前，掌心朝下。面向东北。（图4-123）

呼吸法　身向右转，随后屈右臂伸展左臂，为吸（图 4-122、图 4-123）。

图 4-122

图 4-123

动作 3　两臂平抹，左臂在外，掌心朝里。右臂在内，掌心朝外。同时乘势踩平左脚。面向东北。（图 4-124）

动作 4　右臂环抹至右前方（东南方向），掌心侧朝外；左臂环抹至左胸前，掌心侧朝里，成捋状，左掌低于右臂。与此同时，踩平左脚，乘势蹬右腿，弓左腿，成左弓步。面向东南。（图 4-125）

呼吸法　两臂由左抹到右前方时，为呼（图 4-124、图 4-125）。

图 4-124

图 4-125

动作5　身体左转，两掌捋至东北方向，两臂相合，搭成斜"十"字，相交于胸部膻中穴的正前方（掌与胸之间的距离约2平拳），右掌在外，左掌在内（右臂内关穴搭在左臂外关穴上），两掌掌心均朝里。面向东北。（图4-126）

动作6　重心前移，乘势站起左腿，提右腿，右脚尖自然下垂，脚面略绷。（图4-127）

呼吸法　两臂由右捋至左前方，搭成斜"十"字，提起右腿时，为吸（图4-126、图4-127）。

5

图4-126

6

图4-127

动作7　以右脚脚面向东南方向踢出。与此同时，两臂向左右展开，坐腕立掌，两腕略与肩平，两掌心均侧朝外。右腿和右臂膝肘相对，左臂在左侧后。面向东南，眼看前方。（图4-128）

呼吸法　向东南方向分掌分脚时，为呼之再呼（长呼）（图4-128）。

7

图4-128

左分脚

动作 8　左臂里屈至左胸前，左掌心侧朝前。右臂同时向外旋，右掌心侧朝上。与此同时屈收右腿，脚尖自然下垂，脚面略绷。（图 4-129）

8

> **呼吸法**　屈收右腿落右脚，两臂环（左臂在上，右臂在下）时，为吸（图 4-129、图 4-130）。

图 4-129

动作 9　坐左腿，落右腿（东南方向），脚跟轻着地，脚掌虚悬。与此同时，两掌平抹至右胸前，左臂在上，掌心侧朝下；右臂在下，掌心侧朝上。面向东南。（图 4-130）

9

图 4-130

动作10　两掌由右往左平抹，左臂环至左前方（东北方向），掌心侧朝外；右臂环至右胸前，掌心侧朝里，成捋状，右掌低于左臂。与此同时，踩平右脚，乘势蹬左腿，弓右腿，成右弓步。面向东北。（图4-131）

> **呼吸法**　两臂由右抹至左前方时，为呼（图4-131）。

图4-131

动作11　上体右转，两掌捋至东南方向，两臂相合，搭成斜"十"字，相交于胸部的膻中穴正前方（掌与胸之间的距离约2平拳），左掌在外，右掌在内（左臂内关穴搭在右臂外关穴上），两掌掌心均朝里。面向东南。（图4-132）

动作12　重心前移，乘势站起右腿，提左腿，左脚尖自然下垂，脚面略绷。（图4-133）

11

12

呼吸法 两臂由左捋至右
前方搭成斜"十"字，提起
左腿时，为吸（图4-132、
图4-133）。

图4-132   图4-133

动作13 以左脚脚面向东北方向踢出。与此同时，两臂向左右展开，坐腕立掌，两腕略与肩平，掌心均侧朝外。左腿和左臂膝肘相对，右臂在右侧后。面向东北，眼看前方。（图4-134）

要点一 本式两臂、两腿的大幅度活动，着重刺激手三阴经、手三阳经和足三阴经、足三阳经，对于治疗胸肺疾病、眼疾以及咽喉、脾胃、肝、肾的疾病有一定的效果。

要点二 本式分掌分脚的运动能抻筋拔骨，从而松解粘连，解除肌肉软组织粘连，滑利关节，消除水肿，增强血液循环，有利于防治颈椎病、胸椎病、腰椎病以及关节病和软组织损伤。

要点三 分脚时脚尖与脐中线等高，伸展下肢上部肌肉。但必须脚趾全部往前伸展5厘米为宜，这是抻拉大转子骨往前锻炼的最安全的距离。同时伸展的大腿往左或往右水平转动45°，这种动作是我们平时下肢运动很少做到的，有利于消除股骨头得不到活动的死角，使股骨头不易坏死。医学界称股骨头坏死是"不死的癌症——寸步难行"，而练习分脚的动作，对预防股骨头坏死有积极的意义。

呼吸法 向东北方向分掌分脚时，为呼之再呼（长呼）（图4-134）。

图4-134

第20式 转身右蹬脚

动作1 屈收左腿，脚尖朝下，脚面略绷。（图4-135）
动作2 左腿悬空后伸。两肘微沉，坐腕立掌。（图4-136）

呼吸法 向后撤左脚，为吸（图4-135、图4-136）。

图4-135

图4-136

动作 3 以右脚掌为轴身体向右转体 360°。然后左脚落地坐实，脚趾向东北。随即右脚成虚步，脚跟离地。两臂在左胸前相合，搭成斜"十"字，相交于胸部膻中穴的正前方（掌与胸之间的距离约 2 平拳）。右掌在外，左掌在内（右臂内关穴搭在左臂外关穴上），两掌掌心均朝里。面向东北。（图 4-137）

> **呼吸法** 身向右转 360°落左脚，两臂搭成斜"十"字时，为呼（图4-137）。

图 4-137

动作 4 站起左腿，提右腿，右脚尖自然下垂，脚面略绷。（图 4-138）

> **呼吸法** 提右腿时，为吸（图4-138）。

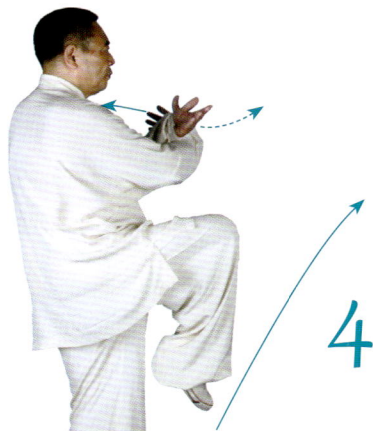

图 4-138

动作5 以右脚脚跟向前蹬出（正东方向）。两臂同时向左右两侧展开，坐腕立掌，两腕略与肩平，两掌掌心均侧朝外。右腿和右臂膝肘相对，左臂在左侧后。身偏东北，面向正东，眼看前方。（图4-139）

要点一 本式两臂、两腿大幅度的展开活动，着重刺激手三阴经、手三阳经和足三阴经、足三阳经，对于治疗胸部疾病、眼病、咽喉病、神志病、脾胃病、肝病、肾病、肺病有一定的效果。

要点二 本式的分掌、蹬脚动作能抻筋拔骨，从而松解粘连，滑利关节，消除水肿，增强血液供给，有利于防治颈椎病、胸椎病、腰椎病、关节病和软组织损伤。

要点三 蹬脚最高点不宜超过肚脐高度，否则会拉伤腰肌或压迫腰椎神经，久之易造成腰痛病或腰椎综合征，所以杨氏太极拳中有"蹬腿不过腰"之说。

呼吸法 向正东方向分掌蹬脚时，为呼之再呼（长呼）（图4-139）。

图4-139

第 21 式　左右打虎势

左打虎势

动作 1　屈收右腿，脚尖朝下，脚面略绷。（图 4-140）

动作 2　坐左腿，落右腿，右脚扣步 45°（东北方向），脚跟轻着地，脚掌虚悬。（图 4-141）

动作 3　重心逐渐移向右腿，踩平右脚，左脚乘势成虚步，脚跟离地。左掌往里环，指尖对着右臂近肘处，掌心侧朝里；右臂往前伸，掌心侧朝外，成捋状。（图 4-142）

呼吸法　落右脚，屈左臂时，为吸（图 4-140~图 4-142）。

图 4-140

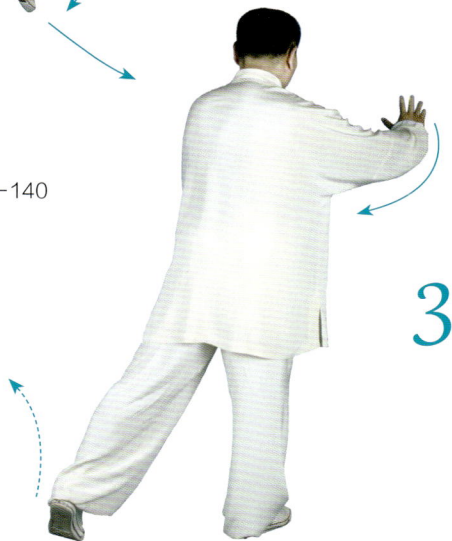

图 4-141

图 4-142

动作4 提左腿向正北方向迈出，脚跟着地，脚掌虚悬。与此同时，上体随腰左转至正北方向。随后重心前移，乘势踩平左脚。左臂环上弧，右臂环下弧。（图4-143）

动作5 左腿逐渐弓出，蹬右腿，成左弓步。与此同时，左掌逐渐握成拳，向上环弧至左额前上方，拳眼朝下，拳心朝外；右掌也同时逐渐握成拳，扣腕坐拳环至腹前（拳腹之间的距离约3平拳），拳眼朝上，拳心朝里。两拳拳眼相对。面向正北，两眼平视。（图4-144）

呼吸法 踩平右脚，迈左腿，握拳环两臂时，为呼（图4-143、图4-144）。

图4-143

图4-144

右打虎势

动作6　重心后坐，左脚掌虚悬。（图 4-145）

动作7　上体向右后转，左脚乘势里扣 135°，脚趾向东南。随后重心移向左腿坐实，右脚成虚步。两臂由上而下，逐渐松拳变掌成捋状，面向东南。（图 4-146）

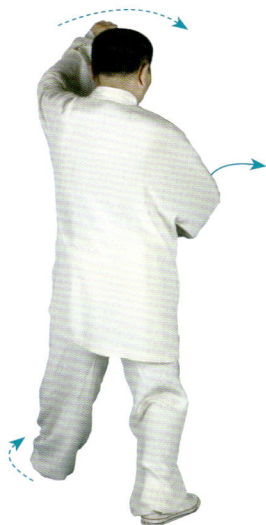

呼吸法　重心后移，身向右转至东南方向时，为吸（图 4-145、图 4-146）。

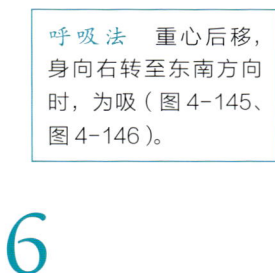

6

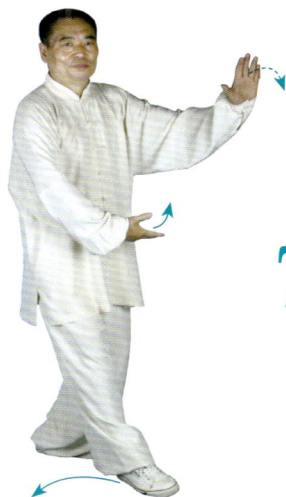

7

图 4-145

图 4-146

动作8　提右腿向正南方向迈出，脚跟着地，脚掌虚悬。（图 4-147）

动作9　上体随腰右转至正南方向，重心前移，乘势踩平右脚。同时右臂环上弧，左臂环下弧。（图 4-148）

动作10　右腿逐渐弓出，蹬左腿，成右弓步。与此同时，右掌逐渐握成拳，向上环弧至右额前上方，拳眼朝下，拳心朝外；左掌也同时逐渐握成拳，扣腕坐拳环至腹前（拳腹之间的距离约 3 平拳），拳眼朝上，拳心朝里。两拳拳眼相对。面向正南，两眼平视。（图 4-149）

要点一　本式两拳的上下环弧、手指的握放，可激发手三阴经、手三阳经；脚踩涌泉穴和辗转脚跟，刺激肾经。这样可起到畅通面部气血，醒脑宁神的作用。用现代医学来解释，这样的刺激可在大脑皮质中产生良性诱导，不仅能使大脑的兴奋和抑制过程得到调节，而且还可以起到消除慢性疾病在大脑皮质形成的病理兴奋的作用。

要点二 凡是单臂上举的动作都有理三焦作用（调整刺激消化，使三焦温煦之气散布全身）。此式还兼有水平方向左右扭曲整条脊柱的作用，像竖直拧放湿毛巾的道理一样，将脊柱中的"脏水"拧出，让新鲜体液进入，以此保证了整条脊柱新陈代谢正常而健康无疾。

图 4-147

8

呼吸法 坐左腿，迈右腿，握拳环两臂时，为呼（图 4-147~ 图 4-149）。

9

图 4-148

10

图 4-149

第 22 式　回身右蹬脚

动作 1　坐实右腿，上体左转，左脚乘势外撇 90°，脚趾向东北，脚掌虚悬。与此同时，左拳随势由下往左上横击出，左腕略与肩高，拳背朝前；右拳下环至右侧旁（距期门穴约 3 平拳距离），拳心朝下，拳眼朝左。面向东北。（图 4-150）

动作 2　踩平左脚的同时，右脚乘势里扣 90°，脚趾向正东。随后蹬右腿，弓左腿，成左弓步。与此同时，右拳朝左拳下方击出，置于左小臂外侧，两臂搭成斜"十"字，相交于胸部膻中穴的正前方（拳与胸之间的距离约 2 平拳）。右拳在外，左拳在内（右臂内关穴搭在左臂外关穴上），两拳拳心均朝里。面向东北，两眼平视。（图 4-151）

呼吸法　上体由正南转向东北方向，两臂搭成斜"十"字，提起右腿时，为吸（图4-150~图 4-152）。

图 4-150

图 4-151

动作 3　　站起左腿，提右腿，右脚尖自然下
　　　　　　　垂，脚面略绷。（图 4-152）

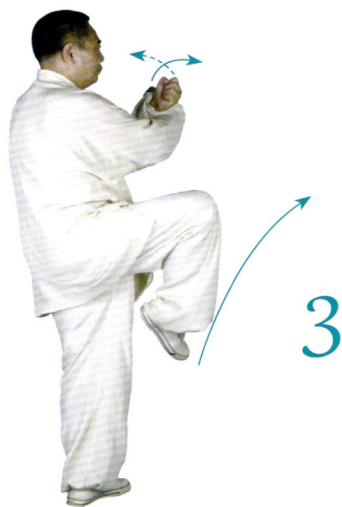

图 4-152

动作 4　　以右脚脚跟朝正东方向蹬出，同时两拳逐渐松开变成掌，向左右两侧展
　　　　　　　开，坐腕立掌，两腕略与肩平，掌心均侧朝外。右腿和右臂膝肘相对，
　　　　　　　左臂在左侧后。身偏东北，面向正东，眼看前方。（图 4-153）

要点　　参见第 20 式。

呼吸法　　向正东方向分掌蹬
脚时，为呼之再呼（长呼）
（图 4-153）。

图 4-153

第 23 式　双峰贯耳

动作1　　收右腿，脚尖自然下垂，脚面略绷。（图 4-154）

动作2　　以左脚跟为轴向右转体，脚趾向正东，面向东南。两臂随势平环至东南方，与肩同高、同宽。两掌掌心均旋翻朝上。（图 4-155）

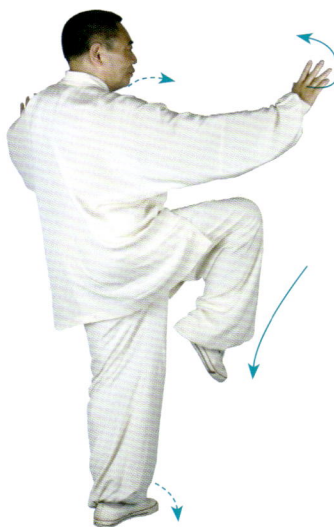

呼吸法　收右腿沉两肘，转身东南方向时，为吸（图 4-154、图 4-155）。

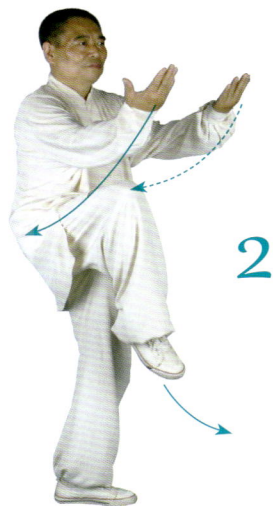

图 4-154

图 4-155

动作3　　坐稳左腿，轻落右腿（东南方向），脚跟着地，脚掌虚悬。两掌由前向后沉收至两胯旁（掌胯之间的距离约 1 平拳），两掌掌心朝上。（图 4-156）

动作4 踩平右脚，乘势蹬左腿，弓右腿，成右弓步。与此同时，两掌内旋插向身后，逐渐握成拳，由下往外环大弧。两拳往上贯击，置于左右额前方。两拳里扣，拳眼侧相对，拳心侧朝外。两眼平视，面向东南。（图4-157）

要点 本式两拳贯击的动作，刺激手三阴经、手三阳经；背部的拔伸动作，刺激任督二脉、带脉、冲脉和膀胱经；两脚踩实涌泉穴，加强肾经的脉气，起到了调节全身气血的作用，有利于防治泌尿、生殖系统和各种妇科疾病等。

图 4-156

呼吸法 弓右腿，上贯双拳时，为呼之再呼（长呼）（图4-156、图4-157）。

图 4-157

第 24 式 左蹬脚

动作 1 站起右腿，提左腿，左脚尖自然下垂，脚面略绷。同时两拳左右开，向下环弧至腹前，再往上环弧至胸前，两臂搭成斜"十"字，相交于胸部膻中穴的正前方（拳胸之间的距离约 2 平拳），两拳拳心均朝里。左臂在外，右臂在内（左臂内关穴搭在右臂外关穴上）。（图 4-158）

动作 2 以左脚脚跟向正东方向蹬出。与此同时，两拳松开变成掌，向左右两侧展开，坐腕立掌，两腕略与肩平，两掌掌心均侧朝外。左腿和左臂膝肘相对，右臂在右侧后。身偏东南，面向正东，眼看前方。（图 4-159）

要点 本式两臂、两腿的大幅度活动，可增加回心血量、心脏的搏出量和肺的通气量，使全身气血畅通，脏腑平衡。长期坚持这些动作锻炼，使先天精气充沛，后天水谷、精微不断补充。

呼吸法 两臂下环搭成斜"十"字，提起左腿时，为吸（图 4-158）。向正东方向分掌蹬脚时，为呼之再呼（长呼）（图 4-159）。

图 4-158

图 4-159

第25式 金鸡独立

右金鸡独立

动作1 站稳右腿，收左腿。左脚以外"八"字形向后撤步，脚掌轻着地。（图4-160）

> **呼吸法** 撤左腿，为吸（图4-160）。

图4-160

动作2 坐实左腿，乘势松右腿，右脚成虚步，脚跟离地。与此同时，右掌下按至右胯前（掌胯之间的距离约1平拳）。（图4-161）

动作3 坐左腿，提右腿，右脚尖自然下垂，脚面略绷。右掌上挑，指尖朝上，略与鼻尖高，掌心朝左，右肘右膝相对（肘膝之间的距离约1平拳）；与此同时，左掌外旋，置于左胯旁（掌胯之间的距离约1平拳），掌心朝下，指尖朝前。身偏东北，面向正东，眼看前方。（图4-162）

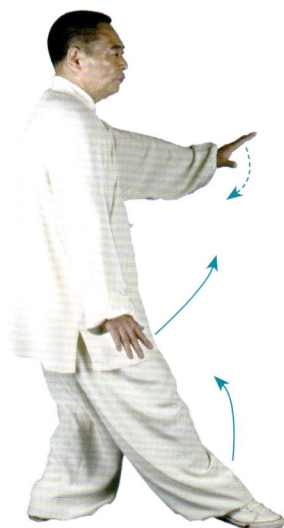

呼吸法　站立左腿，提右腿，挑右掌时，为呼（图4-161、图4-162）。

2

图4-161

3

图4-162

左金鸡独立

动作4　右脚以外"八"字形向后撤步，脚掌轻着地。随即坐实右腿，乘势松左腿，左脚成虚步，脚跟离地。右掌下按至右胯前（掌胯之间的距离约1平拳），掌心朝下，指尖朝前；左臂沉肘坐掌，指尖略与肩平。（图4-163）

呼吸法　撤右腿，为吸（图4-163）。

4

图4-163

动作5 站起右腿，提左腿，左脚尖自然下垂，脚面略绷。左掌上挑，指尖朝上，略与鼻尖高，掌心朝右，肘膝相对（左膝左肘之间的距离约1平拳）；与此同时，右掌外旋，置于右胯旁（掌胯之间的距离约1平拳），掌心朝下，指尖朝前。身偏东南，面向正东，眼看前方。（图4-164）

要点一 当两条腿交替站立时，增强腹肌（包括骨盆骶肌、膈肌、腹前壁和腹后壁的肌肉）的力量，又能促进胃肠蠕动，可消除肝脏瘀血，促进血液循环，调节女性生殖器官功能，能有效防治胃肠病症、肝胆疾患、脾胃虚弱、妇科疾患、眼科疾病、以及偏头痛等。

要点二 撤步换对侧同一招式，必须保持与对侧丝毫不差的高度，等于严格检测你的稳定性、灵活性，对侧交换姿势的均衡能力。

呼吸法 站立右腿，提左腿，挑左掌时，为呼（图4-164）。

图4-164

第 26 式　高探马穿掌

动作 1　落左腿，左脚乘势提起前伸半步，脚掌轻着地，脚跟虚悬。与此同时，左掌边下按边旋翻至左腹前（掌腹之间的距离约 1 平拳），掌心侧朝上，指尖朝右；右臂上提至与胸高，扣腕平坐掌往前探击（力贯神门穴），掌缘朝前，掌心朝下。面向正东，两眼平视。（图 4-165）

动作 2　提起左腿向正东方向迈出半步，脚跟着地后，乘势踩平左脚，蹬右腿，弓左腿，成左弓步。与此同时，右臂平环至左腋前，右掌掌心朝下；左臂乘势向前穿出，左掌掌心朝上，左掌高度略与颈齐。面向正东，两眼平视。（图 4-166）

要点一　高探马穿掌时胸膈的收缩和舒展，使胸膈肌得到锻炼，同时胸腔和腹腔内的脏器得到温和的内气按摩，提高肺经、心经、心包经、三焦经和肾经的经气，有利于防治生殖泌尿系统病症以及慢性腰痛、咽喉痛、失眠、眩晕、耳鸣、视力减退等病症。

要点二　高探马时左脚要虚透（前脚掌微微着地），这时丹田之气下沉腹部深处肌肉群内，使肾水充盈，随着左脚跨步弓步，丹田之气上行、前行、再上行，使肾阳活跃、旺盛，肾阴充盈，达到肾阴肾阳功能正常给力、平衡，有补肾阴、壮肾阳同工之效。

呼吸法　落左脚，探击右掌时，为吸（图 4-165）。迈左腿，收右掌，穿左掌，为呼（图 4-166）。

图 4-165　　　　　　图 4-166

第27式　转身白蛇吐信

动作1　重心移向右腿，上体右转，松左腿，左脚乘势里扣135°，脚趾向西南。随后将重心移至左腿坐实，松右腿，右脚成虚步，脚跟离地。与此同时，左臂上环至左额角上方，左掌里扣，掌缘朝上，掌心侧朝外，指尖朝右；右掌下按至腹前逐渐握成拳（拳腹之间的距离约1平拳），拳心朝下，拳眼朝里。面向西南。（图4-167）

呼吸法　身向右转，左臂上棚，右臂下按，面向西南方向时，为吸（图4-167）。

图4-167

动作2　提右腿向正西方向迈出，脚跟轻着地，脚掌虚悬。左臂屈臂坐掌，左腕略与肩平，掌心侧朝前。以右拳背往右前横击出，随即松拳变成掌，指尖与鼻尖平高，掌心朝上，指尖朝前。（图4-168）

动作3　踩平右脚，乘势蹬左腿，弓右腿，成右弓步。与此同时，右掌由上往下收至右胯旁（掌胯之间的距离约1平拳），掌心朝上，指尖朝前；左掌向正西方向击出，掌心侧朝前。面向正西，两眼平视。（图4-169）

要点　本式一紧一松的转身动作，锻炼了带脉和胆经、肝经。手指的收放，锻炼了心包经和三焦经。如此锻炼这些经络，有醒脑明目、疏肝理气、清利肝胆邪热的作用，可防治肝胆疾病、心血管系统疾病、头颞部病症等。

呼吸法 左臂屈肘坐掌，右拳变掌横击出，随后右掌收至胯旁，左掌向前击出时，为呼（图 4-168、图 4-169）。

图 4-168

图 4-169

第 28 式 进步栽捶

动作 1   重心略向后移，松右腿，右脚外撇 45°，脚趾向西北。（图 4-170）
动作 2   重心前移，坐实右腿，左脚脚跟乘势离地，成虚步。（图 4-171）

图 4-170

呼吸法 身向右转，右掌收至右胯前变拳，左掌环至右腹前时，为吸（图4-170、图4-171）。

图 4-171

动作3 左臂环至右腹前（掌腹之间的距离约3平拳），掌缘朝前，掌心朝下，指尖朝右。右掌握成拳置于右胯旁（拳胯之间的距离约1平拳），拳心朝上。与此同时，迈出左腿，脚跟着地，脚掌虚悬。（图4-172）

动作4 踩平左脚，乘势蹬右腿，弓左腿，成左弓步。与此同时，左掌搂过左膝前收至左膝旁；右拳内旋，拳面朝前，拳眼朝上，向前下方折腰击出，略低于左膝。头对正西，眼看前下方。（图4-173）

要点一 本式的运动着重于左右胸肌交替地变换虚实，使脊柱神经得到锻炼，更多地舒展活动背部肌肉。背部脊柱两旁是膀胱经的通行部位，刺激膀胱经能提高机体免疫力和抗病治病能力，还能防治与五脏六腑功能有关的组织、器官病证。

要点二 此式上身往前倾斜45°，使后脊柱椎骨和椎盘之间的空隙拉大，有利于各椎盘里面的液体新陈代谢；腰肌、韧带前俯适当的拔拉，加快加大局部血液循环，有效地防治腰椎病和腰椎间盘突出症。

呼吸法　迈出左腿，搂出左掌，下栽右拳时，为呼（图4-172、图4-173）。

3

图 4-172

4

图 4-173

第29式　上步揽雀尾

动作1　重心略向后移，松左腿，左脚外撇45°，脚趾向西南。与此同时，左臂外旋，掌心朝右，成掤状；右臂内旋，松拳变成掌，掌心朝下。面向正西，两眼平视。（图4-174）

动作2　重心前移，坐实左腿，松右腿，右脚成虚步，脚跟离地。与此同时，右掌由右向左前环至腹前，掌心侧朝里；左臂向里合，左腕略与肩平，左掌心侧朝下。左臂在上，右臂在下，成合状。面向西南。（图4-175）

1

图4-174

2

图4-175

动作3　坐实左腿，向前迈出右腿（正西方向），脚跟轻着地，脚掌虚悬。（图4-176）

动作4　踩平右脚的同时，乘势蹬左腿，弓右腿，成右弓步。右臂往上掤至胸前，右掌心朝里，指尖略高于肘；左掌下採至右腕下方（中指尖距右小臂内关穴大约1平拳距离），左掌心侧朝外。面向正西，两眼平视。（图4-177）

呼吸法 迈出右腿，掤出右臂，为呼（图 4-176、图 4-177）。

图 4-176

3

4

图 4-177

捋

动作 5 以腰带上体往右转至西北方向，同时两臂旋翻，右臂向外旋，右掌心侧朝外，指尖略高于肘；左臂向里旋，左掌心侧朝里，两掌心侧相对。面向西北。（图 4-178）

动作 6 上体随腰左转，同时逐渐将重心移至左腿，放松右腿。两臂随转体捋至西南方向。面向西南。两眼平视。（图 4-179）

呼吸法　捋时，为吸
（图4-178、图4-179）。

5

图4-178

6

图4-179

挤

动作7　上体随腰右转至正西方向的同时，右臂向内旋，成掤状，掌心侧朝里；左臂向外旋，掌心侧朝外，然后左掌搭在右小臂上（左掌劳宫穴搭在右小臂内关穴上）。（图4-180）

动作8　在转体搭臂的同时，蹬左腿，弓右腿，成右弓步。两掌乘势向前挤出。面向正西，两眼平视。（图4-181）

呼吸法　挤时，为呼（图 4-180、图 4-181）。

7

图 4-180

8

图 4-181

按

动作 9　用左掌心劳宫穴往前抹向右手的列缺、合谷、商阳穴，然后两掌左右分开，与肩同宽，掌心均朝下。（图 4-182）

动作 10　重心后移，坐实左腿。与此同时，两肘下沉，两掌收至胸前，坐腕立掌，两掌心侧朝前。（图 4-183）

动作 11　蹬左腿，弓右腿，成右弓步。两掌乘势向正前方按出，意在两掌心劳宫穴。面向正西，两眼平视。（图 4-184）

要点　本式中掤、捋、挤、按的动作，加强了两臂旋转缠绕，可提高对肺经、大肠经、心经、小肠经、心包经和三焦经的刺激强度，起到清热宣肺、调理肠胃、理气化滞、养心宁神等作用。

图 4-182

9

呼吸法　两掌领至胸前时，为吸（图 4-182、图 4-183）。按掌朝前时，为呼之再呼（长呼）（图 4-184）。

10

图 4-183

11

图 4-184

第30式　云单鞭

动作1　重心逐渐移向左腿，松右腿，右脚乘势里扣135°，脚趾向东南。两臂环弧至左后方。左掌往后掤推出，掌心侧朝东。右掌掤至左胸前，掌心朝里。面向正东。（图4-185）

动作2　重心逐渐移向右腿，乘势碾顺左脚（即与右脚趾同一方向）成虚步，脚跟虚悬。与此同时，两臂环弧至右后方（西南方向），左掌掤至右胸前，掌心朝里；右手屈腕撮指成勾手。面向西南，眼看勾手。（图4-186）

图4-185

呼吸法　左掌掤，右掌随，两臂向左后云动至正东方向时，为吸（图4-185）。两臂向右后云动至西南方向勾手翻掌时，为呼（图4-186）。

图4-186

动作3 坐稳右腿，提左腿向正东方向迈出，脚跟着地，脚掌虚悬。（图4-187）

动作4 上体左转的同时左臂坐掌往前掤推出，勾手略向后撑。与此同时，踩平左脚，乘势蹬右腿，弓左腿，成左弓步。身偏东南，面向正东，两眼平视。（图4-188）

要点 与第14式相同。

图4-187

> **呼吸法** 迈出左腿，脚跟点地时，为吸（图4-187）。左掌外旋推向正东方向，勾手略向后撑时，为呼（图4-188）。

图4-188

第三段

31. 下势　　　　34. 转身摆莲　　　　37. 如封似闭

32. 上步七星　　35. 弯弓射虎　　　　38. "十"字手

33. 退步跨虎　　36. 进步搬拦捶　　　39. 收势

第31式　下势

动作1　坐实左腿，右脚乘势外撇90°，脚趾向西南，重心略移右腿。（图4-189）

动作2　右膝尖对着右脚尖渐渐屈膝下蹲，左腿逐渐铺成仆步（注意保持虚领顶劲，尾闾中正）。与此同时，左掌收至左胸前，坐腕立掌，掌心侧朝外；右勾手略向后撑，右肘右膝相对。（图4-190）

动作3　左掌扣腕下垂至左腹前，然后坐腕穿掌沿大腿内侧朝前穿至左脚面前，掌心侧朝外，指尖朝前。面向东南，眼看前方。（图4-191）

要点一　下势使胯根裆部开圆，使腹腔气血充盈；脊柱节节松沉，骶骨得力，内气贯注会阴穴，增强了任脉、督脉、冲脉之脉气。具有回阳升压、补肾固精的作用，对二便不利、遗精、前列腺炎、前列腺增生症、痔疮、脱肛等疾病有疗效。

要点二　杨氏太极拳的下势动作要求极为严格，它不要求能下势到"一"字步，但它要求：在单鞭定式时，先将后脚（右脚）外撇90°，然后右膝盖对准右脚尖缓慢下蹲，以膝盖头不超过右脚尖为准，也不允许右膝盖头往外撇或往里裹，以防止伤害半月板。下蹲时绝不允许膝盖头左右歪动，否则也会伤害膝盖关节里的半月板。下势时右勾手的右臂不应该晃动，要保持平稳，就像一杆秤，以便让左下肢向前平稳擦进。此时上身始终要保持正直，就像潜艇下沉时的塔台，绝不可以下蹲时哈腰勾脖子。拳谚说：低头猫腰中枢死。哈腰勾脖会引起头脑暂时性缺血缺氧，甚至出现事故。

1

图4-189

呼吸法 收左掌，蹲右腿，仆左腿时，为吸（图4-189~图4-191）。

2

图4-190

3

图4-191

第32式　上步七星

动作1　　重心前移，继续穿掌朝前往上，左腕略与肩平，右脚乘势里扣90°，脚趾向东南。随后重心后坐，左脚乘势外撇45°，脚趾向东北，脚掌虚悬。（图4-192）

动作2　　随后右手松勾手，握成拳，收至右肋旁（离期门穴2平拳距离）；与此同时，左手也握成拳。两拳拳心均朝下。（图4-193）

图4-192

呼吸法　左腿渐渐前弓，左掌随势前穿，右腿渐渐蹬直时，为呼（图4-192）。松勾手握成拳，环至右肋外，左掌握成拳时，为吸（图4-193）。

图4-193

动作3 踩平左脚，右腿乘势向前上一步，脚趾向正东，脚掌轻着地，成虚步。左拳横击至右胸前，右拳出击至左胸前，置于左拳下方。两臂搭成斜"十"字（左小臂养老穴搭在右小臂列缺穴上），相交于胸部膻中穴正前方（拳胸之间的距离约2平拳）。两拳拳眼斜朝里，坐腕里扣。面向正东，两眼平视。（图4-194）

要点一 由下势过渡到上步七星时，内气由会阴穴行至长强穴再至百会穴，可增强任、督二脉的脉气。具有清热开窍、健脑宁神、回阳固脱、平肝息风的作用，并对脏器下垂有提升作用。

要点二 从下势到上步七星，右脚应该一步到前，不可碰地。要做到这一步，右勾手变掌，右手右腿合气向前的同时，左腹部沟（即拳中所说的胯）往后沉收，使丹田之气产生左旋之涡，激活肾气上达百会穴和四肢百骸。

> **呼吸法** 右脚前迈，脚掌着地，左拳掤，右拳横击（从左拳下）时，为呼（图4-194）。

图4-194

第 33 式　退步跨虎

动作 1　提右腿，以外 "八" 字形向右侧后撤步，脚掌着地。然后坐实右腿，松左腿，左脚成虚步，脚跟离地。右臂外旋，拳心翻朝上，抽至右胯旁（拳胯之间的距离约 1 平拳）；左拳略向前伸，拳眼朝右。（图 4-195）

动作 2　坐实右腿，身向左转，同时左脚右挪半脚掌，脚掌着地，成左虚步。与此同时，右臂外旋，松拳变掌，上环至右额前上方，掌缘朝上，掌心侧朝外，指尖朝左；左臂同时松拳变掌，下环至左胯旁（掌胯之间的距离约 1 平拳），掌心朝下，指尖朝前。面向正东，两眼平视。（图 4-196）

要点一　本式两臂上下相环时，有舒展拔身之感，可调达气息，清肝润肺，开胃健脾，宁心安神。脚跟、脚掌的活动可锻炼足三阴经、足三阳经，从而起到调理三焦、宽胸理气、舒筋活络、利关节的功效。

要点二　参看第 5 式白鹤晾翅式。

图 4-195

呼吸法　撤右腿，抽右拳，坐实右腿时，为吸（图 4-195）。右拳变掌上环，左拳变掌下按时，为呼（图 4-196）。

图 4-196

第34式 转身摆莲

动作1 右臂往下往左环至左腋前，左臂由下往上往右环至右胸前。左臂在上，右臂在下。两掌掌心均朝下。（图4-197）

动作2 以右脚掌为轴向右后转体，左脚跟离地，左脚掌随势跟转。与此同时右臂由里向外环大平弧至西北方向；左臂随之环至右胸前，左掌低于右臂。面向西北。（图4-198）

图4-197

呼吸法 两臂相环（左臂在上，右臂在下）时，为吸（图4-197）。身向右转至西北方向时，为呼（图4-198）。

图4-198

动作3　提左腿向右旋踢，右脚掌随转。左脚落步东北，右脚趾向正东。随后坐实左腿，右脚成虚步，脚跟离地。与此同时，两臂平环至东南方向，右臂在前，左臂在后。左掌在右肘内侧，两掌心均朝下。面向东南。（图4-199）

动作4　站起左腿，提右腿，右脚尖自然下垂，脚面略绷。（图4-200）

图4-199

呼吸法　再转至东南方向，提起右腿时，为吸（图4-199、图4-200）。

图4-200

动作 5　右腿悬空后伸，随即右脚背由后往前、往左、往上、往右摆踢。与此同时，两掌由右往左，左掌在前，右掌随后，迎击拍打右脚面。（图 4-201）

图 4-201

动作 6　拍打完毕后，屈收右腿，右脚尖自然下垂，脚面略绷。两臂置于左侧，成采状，两掌心朝下。面向东北，两眼平视。（图 4-202）

呼吸法　摆莲时，为呼（图 4-201、图 4-202）。

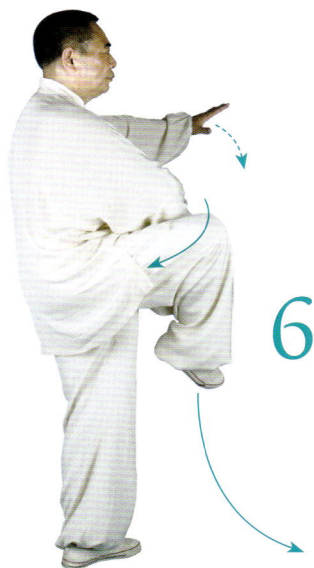

图 4-202

要点一　右腿摆踢、双掌迎击的动作，加强了腹肌、胸背肌的螺旋运动，加大了对手、足三阴经和手、足三阳经的刺激强度，有利于全身气血畅通，胸部宽舒，腹部充实，有利于防治呼吸系统、精神神经系统和心血管系统的病证。

要点二　摆莲式中的右腿以肚脐高的水平方向从左到右进行了180°的圆形活动，防治股骨头粘连，增加股骨头的骨密度和其周围肌肉、韧带的力度、强度，增强下肢活动的强度和稳定度，在练完套路后增加几分钟的左右摆莲锻炼，对双侧股骨头大有裨益。

第35式　弯弓射虎

动作 1　坐左腿，落右腿（东南方向），脚跟轻着地，脚掌虚悬。（图4-203）

> **呼吸法**　落右脚，两掌下环时，为吸（图4-203）。

图4-203

动作 2　上体右转，踩平右脚。乘势蹬左腿，弓右腿，成右弓步。与此同时，两臂环弧，经胯前向上环至右胸前方，两掌逐渐握成拳。（图 4-204）

动作 3　左拳向左前方击出（东北方向），拳眼朝上，拳面朝前；与此同时，右拳上环置于右额角旁（距太阳穴 1 平拳距离），拳眼朝下，拳面朝前。面向东北，两眼平视。（图 4-205）

要点　此式加强内气上顶百会穴，下贯涌泉穴，刺激督脉和肾经。双拳旋腕旋臂击出，刺激心经、小肠经、心包经、三焦经。从现代医学来看，加强两臂旋腕和旋臂的运动，可更多地影响主动脉弓和颈动脉窦上的压力感受器，从而使支配心脏活动的中枢神经得到锻炼，增强协调能力，达到降压和扩张冠状动脉的效果。

图 4-204

呼吸法　弓右腿，两掌握成拳，由东南向东北方向击出时，为呼之再呼（长呼）（图 4-204、图 4-205）。

图 4-205

第36式　进步搬拦捶

动作1　上体左转，坐实左腿，松右腿，脚掌虚悬，右脚乘势里扣45°，脚趾向正东。与此同时，松左拳变成掌，平环至右胸前，掌心侧朝上；右拳前伸，拳心朝下，拳眼朝左。（图4-206）

动作2　坐左腿，略后收右腿，脚跟离地。两臂乘势由下往上环至左胸前方。左臂屈臂坐掌，右拳置于胸前，拳心侧朝里。（图4-207）

图4-206

呼吸法　重心后移，俯腕搬时，为吸（图4-206、图4-207）。

图4-207

动作3　提右腿向东南方向迈出，脚跟着地，脚掌虚悬。与此同时，两臂由左往右环击至东南方向（两腕略与肩平）。右拳背在前，左掌随之，拳掌相距约1平拳距离。面向东南。（图4-208）

动作4　踩平右脚，乘势迈出左脚，脚跟着地，脚掌虚悬。与此同时，左臂坐腕立掌，左掌向正前方推出；右拳抽至右胯旁（拳胯之间的距离约1平拳），拳心朝上，拳眼朝外。面向正东，两眼平视。（图4-209）

呼吸法　翻腕搬时，为呼（图4-208）。上步拦时，为吸（图4-209）。

图4-208

图4-209

动作5 踩平左脚，乘势蹬右腿，弓左腿，成左弓步。与此同时，右拳内旋，拳面朝前，拳眼朝上，向正前方击出；左掌由前收至右腕内侧（左掌劳宫穴对着右小臂内关穴，相距约 1 平拳）。面向正东，两眼平视。（图 4-210）

要点 两臂旋腕环绕前进，着重锻炼小肠经、心包经、心经、胃经、脾经、肝经。有利于防治消化不良、噎食、积食、胁肋疼痛等，也可防治所属经脉的脏腑产生的病证。

> **呼吸法** 出捶时，为呼（图 4-210）。

图 4-210

第 37 式 如封似闭

动作1 左臂后收至离右胸前 1 平拳距离时，左掌外旋，掌心翻朝上，横插至右腋前。右臂同时向左环。（图 4-211）

动作2 上体向右转至东南方向，乘势重心后移，坐右腿。右拳环至左肩前，松拳变成掌；左臂沿着右臂下方向前环抹。两掌掌心均朝上。（图 4-212）

动作3 上体向左转至正东方向，两臂旋翻，两掌领至胸前（掌胸之间的距离约 1 平拳），两掌掌心均朝前。（图 4-213）

图 4-211

呼吸法　两掌领至胸前时，为吸
（图 4-211~ 图 4-213）。

图 4-212

图 4-213

动作 4　蹬右腿，弓左腿，成左弓步。与此同时，两掌向前按出，意在两掌劳宫穴。面向正东，两眼平视。（图 4-214）

要点一　本式意念着重于掌心劳宫穴和脚底涌泉穴，可加强刺激心包经和肾经，具有通心络、开神窍的作用，有利于防治心血管系统、消化系统和生殖泌尿系统疾病。

要点二　如封似闭式，如封，拳势外形就像斜贴的封条；似闭，用双手各推一扇门关上。从内涵上看，体内之气先裹成浑元之气，然后大幅度地舒放，以配合一套拳运动下来的全身气血舒张与收缩的弛张功力。

呼吸法　双掌朝前按出时，为呼之再呼（长呼）（图 4-214）。

图 4-214

第 38 式　"十"字手

动作 1　重心后移，身向右转，松左腿，左脚乘势里扣 90°，脚趾向正南。与此同时，两臂向左右两侧分展开，两腕略与肩平，两掌掌心侧朝下。面向西南。（图 4-215）

呼吸法 左脚里扣90°，身体由正东右转至正南时，为吸（图4-215）。

图4-215

动作2 重心移向左腿，松右腿，右脚成虚步，右脚跟微离地面。与此同时，两臂环下弧，沉至两胯外（掌胯之间的距离约3平拳），两掌掌心均朝下。（图4-216）

动作3 坐稳左腿，收右腿，踩成马步，两脚脚趾均朝正南。与此同时，两臂向上环，搭成斜"十"字（右小臂内关穴搭在左小臂外关穴上），合于胸前腹中穴正前方（掌胸之间的距离约2平拳），两掌掌心均朝里。面向正南，两眼平视。（图4-217）

要点 本式中两臂大幅度的开合动作，可增加心肺的输氧量，提高心经、肺经的脉气；两脚踩实涌泉穴，加强肾经的脉气，这样就更有效地防治精神神经系统、心血管系统和呼吸系统的疾病。

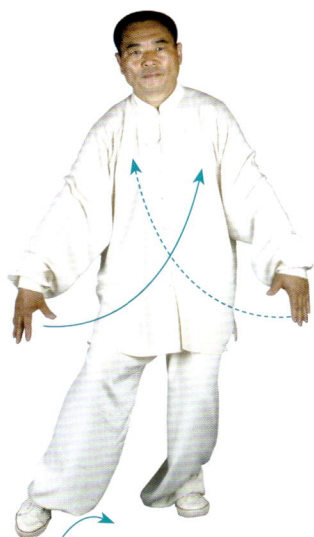

呼吸法 两臂下沉，合
掤至胸前时，为呼（图
4-216、图 4-217 ）。

图 4-216

图 4-217

第 39 式 收势

动作 1 两腿渐渐站直，两脚踩实涌泉穴。两臂向前挤出，然后左右两侧分开，
与肩同宽，两掌心劳宫穴侧相对，指尖均朝前。（图 4-218 ）

动作 2 两掌里旋，掌心均朝下，指尖朝前。（图 4-219 ）

呼吸法 两掌向前分
展时，为吸（图 4-218、
图 4-219 ）。

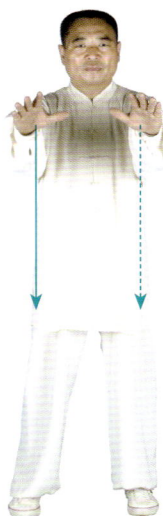

图 4-218

图 4-219

动作3 松肩、坠肘、沉腕、带掌渐渐下採至两胯前（掌根与胯之间的距离约1平拳），两掌掌心均朝下，指尖均朝前。（图4-220）

动作4 两掌外旋置于两腿外侧，中指按住风市穴，两掌掌心均朝里，指尖均朝下。面向正南，两眼平视。（图4-221）

要点一 本式中两臂上举下按和脚踩涌泉穴的运动，提高了对肺经、大肠经和肾经的刺激强度，增加了这些经脉的脉气，起到了清热宣肺、调理肠胃、宁心安神的作用。

要点二 起势的速度与收势的速度是否一样，可鉴定你整套拳运动中的自控能力是否一致；在收势时有无愉悦感觉，可检验你整套拳演练中是否处处做到"骨架工整，气血自流"。在收势中出现烦躁、心神不定、收势方向改变等现象，说明你神不守舍或有记忆力衰退的预兆，提示你要注意"聚精""会神"。

收势之后要留2至3分钟做提肛、提会阴活动，方法是快提慢放，即1秒钟上提，3秒钟放松还原，如此反复2至3分钟。这样的练习可康复前列腺炎、前列腺肥大，也可煅炼二阴括约肌，以防大小便失控。

呼吸法 松肩坠肘，两掌下按，内旋置于两腿外侧时，为呼之再呼（长呼）（图4-220、图4-221）。

图4-220

图4-221

　　整套 39 式杨氏养生太极拳练习下来，呼吸深长，减轻了心脏、肺腑一倍的工作量，使五脏既得到休息又得到"清洗"，而保证了健康。俗话说："五脏健康，外表发光，男士俊美，女士漂亮"，也源自此理。

　　太极拳讲刚劲时发出的劲叫"寸劲"，从医学角度上看，肌肉纤维要得到锻炼，无非是抻拉和收缩，但抻拉不可过度，过度了会加速肌肉老化和伤害，发劲不超 1 寸是最佳状态。所以，俗话说："筋长一寸，延寿十年。"

　　39 式杨氏养生太极拳演练过程中，只要是弓步，前腿膝盖曲度应控制在 70°，弓步的力点在髋关节和脚底，膝关节应该没有受力感觉，后腿膝盖感觉应该和前弓腿的膝关节不受力的感觉一样。否则膝关节容易受伤。

　　在演练 39 式杨氏养生太极拳中任何招式时，都必须达到放松"命门"穴，命门穴是生命之门，命门穴不通畅，气血受阻，势必影响生命。

39 式完整演示

后　记

　　2007年7月，由北京科学技术出版社出版了我撰写的《拳疗百病》一书，10年来畅销全国。外交部领导在新华书店看到《拳疗百病》一书后，认为实用，邀请我从无锡到北京外交部、中联部教授39式杨氏养生太极拳。由于此套拳健身和康复效果显著，外交部和中联部有关部门专门为我拍摄了一整套养生太极拳系列教学片，供内部学习。

　　此后，很多有健康问题的人慕名来无锡拜师学习39式杨氏养生太极拳，经过一段时间的习练，他们的病症都已康复或明显好转。

　　陆洪章，某科技公司总经理，患哮喘病多年，严重时整夜不得眠，经国内国外名医治疗都无效。4年前慕名前来我处求医学拳，我教授他按摩治疗哮喘的特效穴位，很快好转。为巩固疗效，教他学39式杨氏养生太极拳。今年春节前他去南极严寒地区都未复发。

　　章磊，15岁时入选省级少年体校学练西洋击剑，练弓步进攻刺杀无数次。由于不懂得膝关节卸力技巧，数年下来，膝关节严重受损，举步艰难，不能抬腿。经过习练39式杨氏养生太极拳1年，膝关节病明显好转。

　　王丽，由于先天不足，后天不调，身体一直虚弱，自汗多年不愈，有时虚弱到切不出脉搏。我予之一味中药长期代茶饮，自汗症状消失。又经过习练39式杨氏

陆洪章在南极

章磊

王丽

养生太极拳 2 年，现已恢复健康。

荆伟，由于工作需要，抽烟喝酒应酬过度，后来肺部动了大手术，出院后一直行步艰难，身体虚弱。学练半年 39 式杨氏养生太极拳后，逐步康复。现在坚持每天练拳，身强力壮，精力充沛。

周文培，某航空公司高管，由于工作压力大，抑郁症状明显。经过学练 39 式杨氏养生太极拳后，心情舒畅，神采奕奕，工作劲头倍增。

屈指算来，《拳疗百病》一书出版至今已经 10 年了，我在这 10 年的教拳经历中又积累了不少健身疗病的好方法、好经验，特编撰此书，以供太极拳爱好者、保健养生者和慢性病患者学练。

在编写和拍摄过程中，得到了众多朋友的支持和帮助。特此向他们表示衷心的感谢：

于晓红、马汉清、马莉、王丽、王轩、尤福宝、尹宏斌、叶红耘、朱卫丰、杨琦、杨福良、汪克强、张克平、张直元、张碧莹、陆洪章、周文培、赵芳、荆伟、施娟、施勤、姚德义、徐文明、郭如一、黄飞明、黄凤珠、章磊、詹智媛、潘安江（按姓氏笔画排列）。

戈金刚

荆伟

周文培

武学名家典籍丛书

杨澄甫武学辑注　定价：178 元
杨澄甫 著　邵奇青　校注
《太极拳使用法》
《太极拳体用全书》

孙禄堂武学集注　定价：288 元
孙禄堂 著　孙婉容　校注
《形意拳学》　　《八卦拳学》
《太极拳学》　　《八卦剑学》
《拳意述真》

陈微明武学辑注　定价：218 元
陈微明 著　二水居士　校注
《太极拳术》　《太极剑》
《太极答问》

薛颠武学辑注　　定价：358 元
薛　颠 著　王银辉　校注
《形意拳术讲义上编》
《形意拳术讲义下编》
《象形拳法真诠》
《灵空禅师点穴秘诀》

陈鑫陈氏太极拳图说（配光盘）
　　　　　　　　定价：358 元
陈　鑫 著
陈东山　陈晓龙　陈向武　校注

李存义武学辑注　定价：268 元
李存义 著
阎伯群　李洪钟　校注
《岳氏意拳五行精义》
《岳氏意拳十二形精义》
《三十六剑谱》

董英杰太极拳释义　定价：98 元
董英杰 著　杨志英　校注

刘殿琛形意拳术抉微
　　　　　　　　定价：80 元
刘殿琛 著　王银辉　校注

李剑秋形意拳术　定价：89 元
李剑秋 著　王银辉　校注

许禹生武学辑注
许禹生 著　唐才良　校注
《太极拳势图解》《陈氏太极拳第五路并少林十二式》

张占魁形意武术教科书
张占魁 著　吴占良　王银辉　校注

武学古籍新注丛书

王宗岳太极拳论　定价：50 元
李亦畬　著　二水居士　校注

太极功源流支派论　定价：68 元
宋书铭　著　二水居士　校注

太极法说　　　定价：65 元
二水居士　校注

手战之道　　　　定价：65 元
赵　晔　沈一贯　唐顺之
何良臣　戚继光　黄百家
黄宗羲　著
王小兵　校注

百家功夫丛书

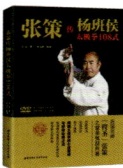

张策传杨班侯太极拳108式
（配光盘）　　　定价：48 元
张　喆　著　韩宝顺　整理

河南心意六合拳
（配光盘）　　　定价：79 元
李洳波　李建鹏　著

形意八卦拳　　　定价：52 元
贾保寿　著　武大伟　整理

王映海传戴氏心意拳精要
（配光盘）　　　定价：198 元
王映海　口述　王喜成　主编

张鸿庆传形意拳练用法释秘
　　　　　　　定价：69 元
邵义会　著

华岳心意六合八法拳
　　　　　　　定价：65 元
张长信　著

程有龙传震卦八卦掌
奎恩凤　著

刘晚苍传内家功夫及手抄老谱
刘晚苍　刘光鼎　刘培俊　著

戴氏心意拳功理秘技
定价：68 元
王 毅 编著

传统吴氏太极拳入门诀要（配光盘）
定价：68 元
张全亮 著

尚济形意拳练法打法实践
定价：89 元
马保国 马晓阳 著

拳疗百病——39 式杨氏养生太极拳
（配光盘）
定价：96 元
戈金刚 戈美葳 著

民间武学藏本丛书

守洞尘技　　　　　　　　　　崔虎刚　校注　　少林论郭氏八翻拳　　　　　　崔虎刚　校注

通臂拳　　　　　　　　　　　崔虎刚　校注　　少林秘诀　　　　　　　　　　崔虎刚　校注

心一拳术　　　李泰慧　著　崔虎刚　校注

老谱辨析点评丛书

再读浑元剑经　　　　　　　马国兴　著　　再读杨式老谱　　　　　　　马国兴　著

再读王宗岳太极拳论　　　　马国兴　著　　再读陈氏老谱　　　　　　　马国兴　著

太极拳近代经典拳谱探释　　魏坤梁　著

拳道薪传丛书

三爷刘晚苍
　　——刘晚苍武功传习录
定价：54 元
刘源正　季培刚　编著

乐传太极与行功　　定价：68 元
乐匋　原著
钟海明　马若愚　编著

慰苍先生金仁霖——太极传心录　　金仁霖　著

习武见闻与体悟　　　　　　　　陈惠良　著

中道皇皇——梅墨生太极理念与心法　梅墨生　著

民国武林档案丛书

太极往事　　　　　　　　　　季培刚　著

图书在版编目（CIP）数据

拳疗百病：39式杨氏养生太极拳 / 戈金刚，戈美葳著. —北京：北京科学技术出版社，2018.1
（百家功夫丛书）
ISBN 978-7-5304-9353-3

Ⅰ.①拳… Ⅱ.①戈… ②戈… Ⅲ.①太极拳 – 基本知识
Ⅳ.① G852.11

中国版本图书馆CIP数据核字（2017）第263626号

拳疗百病：39式杨氏养生太极拳（附光盘）

作　　者：戈金刚　戈美葳
策划编辑：王跃平　苑博洋
责任编辑：苑博洋
责任印制：张　良
封面设计：古涧文化
版式设计：天露霖
出 版 人：曾庆宇
出版发行：北京科学技术出版社
社　　址：北京西直门南大街16号
邮政编码：100035
电话传真：0086-10-66135495（总编室）
　　　　　0086-10-66113227（发行部）　　0086-10-66161952（发行部传真）
电子信箱：bjkj@bjkjpress.com
网　　址：www.bkydw.cn
经　　销：新华书店
印　　刷：北京印匠彩色印刷有限公司
开　　本：710mm×1000mm　1/16
字　　数：199千字
印　　张：10.5
插　　页：4
版　　次：2018年1月第1版
印　　次：2018年1月第1次印刷
ISBN 978-7-5304-9353-3/G·2706

定　　价：96.00元（附光盘）